シリーズ・高齢期介護の現在 ①

「寝たきり」にならないために

介護予防でハツラツ人生

佛教大学社会福祉学部教授 阿部祥子 編
佛教大学社会福祉学部教授 丹羽國子 著

ミネルヴァ書房

編集にあたって

　過日佇まいの美しい老婦人と，バスで隣席した。70代まで働き，もう悠々自適の身であるものの，昨今の年金やら高齢者に関する報道に，生きていることが申し訳ない想いがする，とわずかな時間の内に話された。かつて還暦には赤いちゃんちゃんこを着て祝い，長生きすることは寿ぐことだったのに。

　一方，人は誰でも誕生を喜び，成長することを楽しみ，そして豊かに老い，安心して旅立ちたいと願っている。また，どんな人も自分らしさが尊重され，自己が判断や決定，行動の主人公であることを求めている。例え高齢期や臨終の床にあっても。

　当初このシリーズは，これまで家庭で介護経験のない家族が，突然介護を必要とする人を抱えるようになった時の驚き，心配，苦労などを想像し，「本当に役立つ」「わかりやすい」「安心できる」実用書として企画した。さらに，人口高齢化のスピード，介護保険法の改正（2005年6月），団塊世代のリタイアなどを踏まえ，「老い支度から始まる介護」，そして「豊かな人生の〆に役立つ介護」も念頭に置くこととした。本書を手にされる方々が，新しい介護と介護予防のあり方や文化を創造していくことにつなげたい。しかもノーマライゼーションやユニバーサルデザインをはじめ，最新の理論を根底に置いて。

　本シリーズが，豊かな高齢期の準備段階にある人，介護の真っ盛りにある人，そうした人と共に暮らしている人にだけでなく，幅広い福祉教育の教材として役立ち，早急に誰もが健康で芳醇な高齢期を過ごす時代が到来することを願って。

阿部　祥子

はじめに

　筆者は，人間だれもが一度きりの人生を日々健やかに加齢しつつ，人生の秋を謳歌し，住み慣れた地域で，ぽっくり「ありがとう，さようなら」と尊厳ある死を迎えられるような健康な暮らしを願っているものです。

　健やかに加齢しつづけて暮らすことは，一見あたり前の生活のようですが，「人の一生は重荷を負うて遠き道を行くがごとし」（徳川家康）と言われるように，それほど容易なことではありません。

　とりわけ，どんなにがんばっても一人では生きられない「つ」あり時代」と，どんなに仲の良い夫婦でも同時に死ぬことはできない現実のなかで，「高齢になって一人で生きることを覚悟しなければならない，平均6.5年（夫の死後，妻は平均6.5年生きる）といわれる老化して死を迎えるまでの自立の困難期」は，親・兄弟姉妹・近隣・友人のボランタリーなプライマリー介護と，人によっては専門的介護支援が不可欠です。

　この両者に共通することは，だれもが私・公の介護支援を必要とする時期であるということです。

　しかし「つ」あり時代は，夢と希望に満ちた伸び盛りの時代でもあります。そして高齢期はさまざまな役割から解放され，これまでに培ってきた経験や生きた智恵をつぎの世代に残すため，自由な発想や新たな創造による積年の夢の実現に向け集大成をする時期ともいえます。また自律的で自由な選択により活発な活動を展開して社会に貢献することができ，その過程で自己を充実させながら尊厳ある死にいたる，もっとも貴重なゴールデンエイジでもあります。

　残念ながら高齢者のなかには，生活の不安から「食事を削っても貯金」と見えない健康障害に耐え続けた結果，うつ病や認知症になり精神科病院へ入院したり自殺したりする人も増えています。さらに，個人的な価値観から「他人様の世話にはならない」と家族へ強く依存したり「お上の世話にはならない」と主張した結果，介護に疲れ果てた家族からの虐

待による悲劇が後を絶たないことも事実です。

　すべての人間に公平に与えられているのは，1日24時間という「時間」と，いつか迎える「死」です。だれにも公平な「時間」と行く末の「死」を共有しながら，なぜ，寝たきりでベッド生活の高齢者と100歳になっても元気で働き続けられる人とがいるのでしょうか。前者には日々の生き方や暮らし方に何らかの見落としや相違があるに違いありません。

　これまで障害や生活機能に困難を伴う場合の社会的対応は，おもに「医学モデル」と「社会モデル」を中心とし，あくまで個人の問題として，利用者自身の自律と生活機能の自立を主眼とするリハビリテーション等，事後の医療と福祉でした。

　2001年，世界健康機関（WHO）は，個人の自律と生活機能の自立に何らかの困難や障害を生じた場合の対応に，個人と周りの環境との「相互作用モデル」を採択しました。

　日本では，2003年5月，健康政策として「健康増進法」を施行し，国民の健康づくりの推進が具体化しています。そして，5年を経過した介護保険制度は2005年，市町村の責任で高齢者に生きがいある人生をまっとうできるように，予防重視を推進することが加わりました。

　各自治体では，真の意味における「利用者本位の介護保険」への転換に向けて，地域健康ケアを推進し高齢者の社会参加と活動を円滑にするため，地域の福祉化を促進することが緊急の課題となっています。

　国民一人ひとりには，一住民として住み慣れた地域（コミュニティ＝生活協働体）でセルフケアをはじめ社会的活動の充実，向う三軒両隣をはじめとする地域力を高めて協働することが求められています。また，より安全に，安心して，健やかに加齢しながら暮らすことのできる地方自治体の理念，「地域福祉計画の五原則」に基づいて高齢者福祉を推進し，自治体・中央政府の支援強化をうながすために積極的な行動を起こすことが問われています。

　本書は，筆者自身の「未熟児，虚弱，腎臓病・関節リュウマチ・肺結核で30歳まで生きられないと言われながら，貧しく暗い時代にあってもけっして無理をせず，健康に暮らす合理的な方法を模索し，夜勤を含

む厳しい看護労働 30 年の現場体験」,「30 歳以後,セルフケアと定期的な総合検診と歯科検診で,医師とは疎遠であること」,「2000 年には介護保険制度の第 2 号被保険者となり,一方で介護支援専門員(ケアマネジャー)としての経験」,「2005 年の介護保険法改正時には第 1 号被保険者となり,一方で教員として就労」,「長年,社会福祉の学習と高齢者の実態調査を継続したこと」,「名古屋(1999 年～)と京都(2003 年～)で,小規模多目的福祉施設"まちの縁側クニハウス"と"フリースペースハルハウス"のボランティア活動団体代表としての活動から,共生きを心がけて関わったすべての人達からの学び」から得た経験に端を発しています。

　一日本人として「平和なくして福祉なし」(一番ヶ瀬康子)を念頭に世界の平和に関わり,老いた者がつぎの世代に遺すものを意識しながらその一翼を担いたいと願う複眼的視野からも,本書執筆の動機が生まれています。どんな地域においても「高齢者の住みやすいまちは,子どもも住みやすいまち」をスローガンとし,その実現に尽力したいと思います。

　読者の皆様からの忌憚のないご意見をいただければ幸いです。

丹羽　國子

目　次

はじめに

第Ⅰ部
「生活機能」の自立ってどんなこと …………………………… 1

1章　まず，からだの仕組みを考えてみよう ………………… 2
　1　人生のゴールデンエイジです ……………………………… 2
　2　2足直立歩行という宿命 …………………………………… 4
　3　終動脈や毛細血管を活性化して血流促進 ………………… 6
　4　第二の脳（腸）と分子栄養学のお話 ……………………… 8
　5　免疫機能を高め，自律神経のバランスを維持 …………… 11

2章　ライフサイクルと加齢を理解しよう ………………… 14
　1　だれもがたどる道 …………………………………………… 14
　2　リスク（危険・危機）に留意して生きる時期 …………… 17

3章　人間の行動のもとを理解しよう ……………………… 25
　1　人間の行動は，人と環境の相互作用です ………………… 25
　2　暮しを支援できる環境 ……………………………………… 27
　3　自分史を尊重し公開すること ……………………………… 29

第Ⅱ部
暮らし方のリフォーム① からだと身の回りのこと ………… 35

4章　自分の生活リズムを活かしましょう ………………… 36
　1　「生体」リズムと「生活」リズムを理解しましょう ……… 36

2	自分の生活リズムを知り，活かすこと …………………	38
3	自分の健康状態を知ること ………………………………	40
4	あなたのカナリア，室内の植物・生花 …………………	45
5	すべての変調は粘膜・皮膚・姿勢・気分・排泄物に出ます …	46

5章　お休み前の快眠準備 ………………………………… 53
1	室内のアメニティ …………………………………………	53
2	鏡の前で行うと効果的 ……………………………………	55
3	義歯の場合に注意すること ………………………………	56
4	寝床で注意することは ……………………………………	57

6章　目覚めのウォーミングアップ …………………… 60
1	早起きの習慣は季節に応じて調整 ………………………	60
2	口腔ケアはとても重要です ………………………………	63
3	顔とお肌をケアすると大変快適です ……………………	69

7章　7・5・3の食生活で認知症予防 ………………… 72
1	食事は細胞のエネルギー源です …………………………	72
2	冷凍・冷蔵庫と保存食を活用しましょう ………………	73
3	前日の準備調理について …………………………………	75
4	加齢と調理の工夫 …………………………………………	76
5	食事の摂り方のポイント …………………………………	82
6	よく噛むことはとても重要です …………………………	84
7	快適な食事環境の必要性 …………………………………	86

8章　大切な排泄 …………………………………………… 87
1	排泄の信号 …………………………………………………	87
2	規則的な排泄習慣の重要性 ………………………………	92

9章　清潔の維持 ………………………………………… 96
　1　全身浴 …………………………………………………… 97
　2　半身浴，シャワー，足浴・手浴，薬草 …………………… 101
　3　爪切り・耳垢掃除と理美容院からの往診 ………………… 102

10章　聴覚・視覚と対人関係 …………………………… 104
　1　ラジオ・TVで，視覚・聴覚の元気度確認 ………………… 104
　2　自分から挨拶して，脳の活性化と「儲蓄」………………… 107

11章　こまめな手足の使用と「貯筋」による転倒・骨折防止 … 109
　1　正しい姿勢の保持 ……………………………………… 109
　2　足に合わせた靴と安全な歩き方 ……………………… 111
　3　「貯筋」のすすめ ……………………………………… 114

12章　健康管理者としての私：資源の活用 …………… 123
　1　保健所と健康手帳を活用しましょう ………………… 123
　2　上手な薬の使い方とかかりつけ薬局 ………………… 125

第Ⅲ部
暮らし方のリフォーム②　となり近所とのかかわり ……… 131

13章　働き続けられる喜びを感じられますか ………… 132
　1　集団の力をみなおす …………………………………… 132
　2　雇用労働を継続してゆくためには …………………… 134
　3　活動の継続 ……………………………………………… 137

14章　家庭・地域へのランディング …………………… 139
　1　家族のなかでの自己実現とは ………………………… 139
　2　地域へのランディングと活動 ………………………… 142
　3　生涯学習 ………………………………………………… 147

4　森林浴のすすめ …………………………………………… 148

15章　ボランティア活動のすすめ ………………………………… 152
　　1　ボランティアとはなんでしょう ………………………… 152
　　2　居ながらボランティア，クニハウスの活動 …………… 153
　　3　環境ボランティア ………………………………………… 154
　　4　支援ボランティア ………………………………………… 155

16章　独居で健やかに，安心安全に暮らせるまちの条件 ……… 158
　　1　キウイ化させない地域の環境づくり …………………… 158
　　2　経済的不安の除去が必須 ………………………………… 160
　　3　「小学校区生活圏」の充実 ……………………………… 163
　　4　生活の質（QOL）を支える専門家のペア訪問………… 165

17章　改正介護保険制度の上手な利用方法 ……………………… 168
　　1　はじめて介護保険制度を利用する人へ ………………… 168
　　2　第1号被保険者が介護サービスを受けるには ………… 170
　　3　第2号被保険者（40歳から64歳）が介護サービスを
　　　　受けるには ………………………………………………… 173
　　4　2005年改正の背景と主な改正点 ………………………… 174
　　5　すべて"契約"から利用が始まります ………………… 186
　　6　福祉用具の活用と住宅改修 ……………………………… 188
　　7　苦情相談窓口の利用 ……………………………………… 195
　　8　介護保険以外の高齢者福祉サービス …………………… 195

　　　　　　　　　　　　　　　　　　　　編集　エディシオン・アルシーヴ
　　　　　　　　　　　　　　　　　　　　装丁　鷺草デザイン事務所
　　　　　　　　　　　　　　　　　　　　制作　エイブル
　　　　　　　　　　　　　　　　　　　　イラスト　出口敦史

第Ⅰ部

「生活機能」の自立ってどんなこと

1章 まず、からだの仕組みを考えてみよう

からだのメカニズムを
理解することが
介護予防の第一歩です

1 人生のゴールデンエイジです

からだのいろんな機能が
低下していくことを理解しましょう

　『高齢社会白書』(平成17年版) による日本の100歳以上の高齢者は, 2万3038人です。高齢者は何歳からと, 疑問になる機会も多く, "エイジレスライフ" の時代を迎えています[(1)]。

　一般的に, 高齢になると「歳だから」とか「無理はしない」といって, 肉体的な労働や運動を控えるか活動を少なくする傾向が多くの高齢者に見られます。

　家庭や職場から解放された高齢者のライフサイクルにおいて, もっとも自由で自己実現の達成が可能なゴールデンエイジを, 一人ひとりの夢の実現に向けて, 前向きに積極的に活動を展開している高齢者も多くいます。

　ゴールデンエイジに夢の実現に向けて活動を展開するには, 安心して暮らすことのできる生活基盤としての年金や, 住み慣れた家で1人に

なっても安心して暮らすことのできる地域との連携とさまざまな支援体制，そして，なによりも健康が伴わなければ困難となります。

近年，電車のなかで高齢者に席を譲ろうとしますと，感謝しつつも断られて，周りを気まずい空気に包むことも多くなってきました。たぶん，譲ろうとした人と高齢者との間に，"高齢者"のとらえ方に相違があり，その隔たりが感情の行き違いになっているように見えます。

そのため，何歳になっても健康を保持するため若者と高齢者が，人間として共通する生理学的・社会的な躰（心身は一体です。国際生活機能分類＝ICFにおいても統一体として「Body」を用いていますので，旧漢字「躰」を使用します）のメカニズムに基づく正しい知識を共有することが必要です。そして「つ」あり時代とゴールデンエイジは逆順（変化の過程が逆方向になること）であり，すでにだれもが介護を受けてきたという共通認識をもつことが，高齢者介護を開く鍵となります。

明治時代に福沢諭吉が，「老いた者が若者に伝えることは，①生活の智恵，②人との交わりのマナー，③良い食習慣，④良い生活習慣である」と言っていますように，老いた者が若者との交流を深くする機会をもち，世代間交流が活発化するほど，老いた者が培ってきた生活の智恵を確実に伝える機会となるに違いありません。

そうすれば，高齢者の自律と生活機能の自立の困難に応じて，たとえば，高齢者が重い荷物を運んでいれば，「大変」が伝わって，若者がすぐに近寄り，替わりに荷物を持ち手助けをする，そうすると周りで見ていた人達もほのぼのとした温かな空気に包まれます。互いに豊かな気持ちになれるような地域での対人関係とすぐに役立つ福祉サービスシステムがあり，必要に応じて支援を利用することができれば，寝たきりになることもなく夢の実現を果たすことができる高齢者は増加していきます。

活き活きした高齢者の活躍は，幼児の「つ」あり時代とは逆に不自由さは起きてきても，高齢期はライフサイクルにおけるゴールデンエイジになるのです。すべての人間は加齢により老化すること等を他の世代と交流しながら伝えることで，若者は新たな時代を拓く原動力を獲得していきます。

そこでまず，誰もが一人ひとりの躰の状態に応じて，毎日の生活を元気に暮らしながら健やかに加齢し，そしてまた，後述する介護予防として日常的に具体的な方法を実行するため，その根拠である人間の躰の構造と機能の必須の基本を知ることから始めましょう。

2 2足直立歩行という宿命

人間は2足歩行動物です
4足歩行動物との比較をしてみましょう

2足直立歩行動物の人間は図1のように地球上の重力に逆らって呼吸し，両手と全身を使って道具を操作し，食物を食べて栄養を取り，2本足で直立して姿勢を保ちながら活発に歩くことで，躰全体ごとに脳と手足を発達させてきました。

そのため機能の発達過程で，4足歩行動物よりも5倍もの血液を脳へ送らなければならなくなり，できるだけ歩くこととこまめに手足を使うことが必要となったのが今日の2足直立歩行動物の人間である，と言えます。

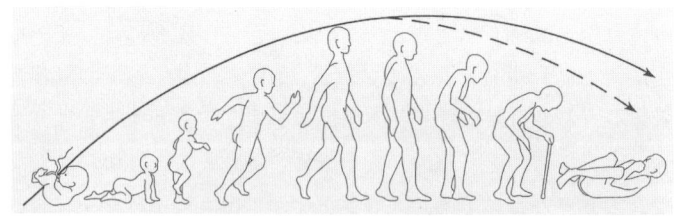

健常高齢者（実線）に比較して，脳疾患高齢者（点線）では速く進む
図1　胎生期から死亡まで，人の一生における立位歩行の発達と退行
（Yakovlev, Adams et al, 1997）
出典：萩原俊男編『老年医学』朝倉書店，2003年。

しかし科学の発達によって利便性を獲得し，日本の産業構造が第1次産業からおもに第3次産業に移行してきた今日，現代人は"2足直立歩行の動物である"という根源的な自覚を忘れがちな日常のなかで暮らしています。

たとえば，野生の4足歩行動物の排便は肛門括約筋の働きが活発で排便時にチリ紙は不要ですし，流産もありません。それに比べて人間は，新生児期は肛門括約筋の活発な働きで排便後に肛門を拭く必要もないのですが，歩き始めますとチリ紙が必要になります。そして，2足直立歩行人間は，妊娠中つねに流産の危険にさらされているのです。

女性が妊娠して健康な子どもを産むためには，この事実の十分な認識と胎児の健康を意識した栄養に富む流動性の高い血液作りと活発な手足の運動による血液循環の促進，肛門・膣の筋肉トレーニングが必要となるのです。

さらに妊娠中の女性を含めて多くの時間を座位で働く人たちは，"職業病"として痔疾患に悩む人が多く，その原因は今日の人間の血液循環の問題にあるといえます。

なによりも大きな問題は，手足や脳への慢性的な血流障害による酸素や栄養不足による症状（認知障害はじめ精神症状等）が現れても，実際に自分で確認して判断することができないため，多くは「こころの病」として対処されてきたことです。

人間は野生の4足歩行動物に対し2足直立歩行の動物であり，重力のある地球で生きていく限り，さまざまな病気を生み出す血液循環不良や

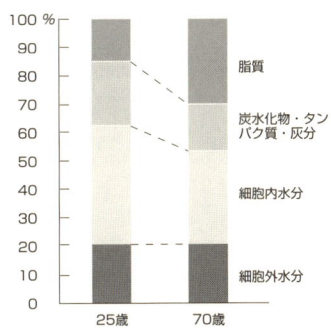

図2　老化に伴う体の主要成分の変化
(Goldman, 1970より改変)
出典：萩原俊男編『老年医学』朝倉書店，2003年．

障害の宿命を持っていることを自覚しなければならないのです。

「健康は細胞の健康度によって左右され，細胞のつくりかえによって維持される」(3)と言われますように，多くの病気はすべての細胞の健康を司る血液をめぐる循環不良，または障害がもたらすものであることを認識することが肝腎です。

同時に，加齢によって顔にしわがよるように，すべての細胞内の老化も同じであることにも留意する必要があります（図2参照）。

3 終動脈や毛細血管を活性化して血流促進

血流の促進が
健康生活の根本です

医学や生理学の専門家ではない私たちが，なぜ，日常生活において血液循環のなかの終動脈（脳・肝臓・脾臓・肺臓・腎臓などの動脈の末端）や毛細血管の働きを，つねに意識して，さまざまな方法で対処することが必要なのでしょうか。

だれでも血液循環について心臓と肺臓の「心肺機能」は重視します。その典型例を3つあげますと，

①救急救命時，救急蘇生法のA（酸素）・B（呼吸）・C（循環）を行って救命する場合,「心肺機能」を重視した手技（3～5分間）が必須です。

②国は政策として，高齢者の死亡原因が悪性新生物・心疾患・脳血管障害であり，それらがおもに生活習慣病であることを理由に介護保険制度を改正（2005年）しました。そのため，一人ひとりの健康増進を重視した社会的支援を強調しています。

③国の政策は「禁煙」を推進しています。喫煙者が「肺がん」になる危険性や，周りの人（妊娠中の胎児や子どもたちや呼吸器の弱い大人等）への「副流煙」被害を強調し,2005年秋から「ニコチン依存症」として精神病の治療対象としました。

これらの重要性，ことに①は多くの人が理解できているようです。しかし現実に，②・③の効果に対する理解は希薄なようです。

先述した通り，地球上に住む限り，人間は生きて活動するには重力に逆らって躰全体，ことに4足歩行動物と比べ脳へ5倍の血液を絶えず送らなければならないのです。そこで心肺機能を支える血液循環，とりわけ終動脈や手足の指先など，動脈と静脈の間に毛細血管がなく，動脈から静脈に直接循環している部分や歯肉等の毛細血管（動脈と静脈を結ぶ管で平滑筋がない）の活性化を図り，さまざまな活動と環境に応じた行動の工夫により，"血行正常化で病気は治る"(4)のです。

　現在，加齢しながらも健康寿命を謳歌し，社会的活動を実践している人は，自覚の有無にかかわらず，これらへの対処方法を日々実行している人たちであると言えます。

　一人ひとりが加齢して健康寿命を伸ばして元気に暮らすには，血液循環の正しい知識と仕組みを理解して，自分の行動を変化させることが，病を遠ざけ健康寿命の扉を開く鍵であるということです。

　図3のように，血液循環は，動脈→毛細血管→静脈が原則です。心臓・体循環（左心室→大動脈→躰の各部で毛細血管→上大静脈・下大静脈→右心房）・肺循環（右心室→肺動脈→肺の毛細血管網→肺静脈→左心房）として，1つの閉鎖した管内を血液が循環してなり立っています。

　そのため躰の血液循環のどこに障害が起きても，その影響は全体におよぶことになることを肝に銘じなければなりません。

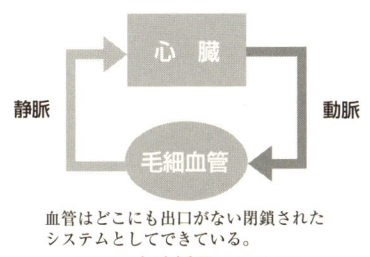

血管はどこにも出口がない閉鎖された
システムとしてできている。
図3　血液循環のしくみ

　私たちは，心臓や肺臓とともに，脳・肝臓・腎臓・脾臓の末端の終動脈や手足の指先の動静脈直接接合部や歯肉の毛細血管を活性化することが，各臓器の機能の活性化につながり，躰全体の活性化となって健康に

役立つことを認識する必要があります。同時に日常生活のなかで絶えず意識して血行の活性化を実行することが，なによりも重要な日課であると言えるでしょう。

それには，①躰全体のすべての末梢部分である毛髪，皮膚，手足の指先と爪，体表面の粘膜部分としての眼粘膜，口唇，歯肉，舌，肛門，陰唇，睾丸等の変化のサインである血色状態（赤・紫・白色の濃淡）を目安にすること，②躰内の各臓器が日常と異なるサイン（例：就寝中は，いつも仰臥位に寝ていたのが右側臥位になっている。心臓・胃腸の調子はどうかなど）に留意して，躰が示すさまざまなサインを見逃さず血液循環の活性化を図ることが肝要です。

その結果，なぜ日常生活において，バランスの良い栄養や手足を使った日中の十分な労働や運動，適切な睡眠が重要なのかということに関し正しい知識に基づいた認識を持つことができ，日課として適切な活動をすることができるからです。

人間の行動は，人と環境の相互作用であることを意識して一人ひとりが実行に移せば，おのずと環境の快適さの重要性も認識することができます。

それらは，家庭生活，学校教育や職場の労働形態の在り様の見直しにつながり，新たな工夫やアイデアを創りだして一人ひとりの健康寿命が伸び，豊かな暮らしと快適な環境を生み出すことが可能になるのです。

これらの成果は，日本が長命社会から健やかな長寿社会に変わることができる源になり，若者に生きる智恵の伝達と生きる夢を与えることに変わり，つぎの世代の発展につながるのです。

4 第二の脳（腸）と分子栄養学のお話

腸の働きが
元気を左右します

私たちの躰の栄養を司る消化器管は，口から肛門まで1本の管になっています。躰の成分は図4のような比率で構成され，その大部分を食

事によって補給しています。消化管を通過する間に，消化・吸収・排泄の過程を繰り返し，ことに胃腸には善玉微生物から悪玉微生物にいたる100種類100兆個と言われる微生物が棲んでいます。そして腸内に棲む微生物の活発な活動に助けられた消化・吸収によって，はじめて人間の健康が保たれるのです。そのため，腸内の微生物の活発化を助ける食物摂取やよく噛む習慣や健康な胃腸状態にして，腸内微生物と共生することが肝要です。

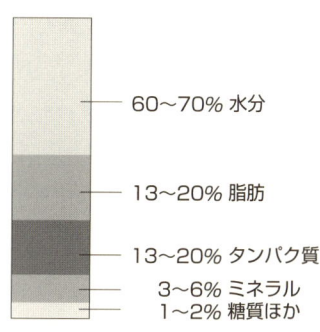

図4　体を作っている成分の比率
出典：関戸好子監修『完全図解からだのしくみ全書 看護編』
東陽出版，1999年。

　近年プロバイオティクス（躰に好影響をもたらす乳酸菌の生菌を含む食品）が補助食品（サプリメント）として販売され，腸の機能の重要性が見直されていますが，あくまでも補助薬にすぎないことに心する必要があります。

　2005年8月農水省と厚生労働省は合同で，「主食中心で健康に」をキャッチフレーズにした「食事バランスガイド」を発表しました。しかし，今日の家庭でこれを実践するのは難しく，躰全体のバランスから考えますと，人間一人ひとりに必要な栄養には，個人差が大きく「木を見て森を見ない健康法」であると言わざるを得ません。

　0歳から100歳を越えた高齢者でも，すべての人間の健康に共通で必須な食物の食べ方を教えてくれる分子栄養学による「健康自主管理」が急務です。そのため，「個体差の栄養学」を提唱した理論は，①良質なたんぱく質，②メガビタミン主義（ビタミンの大量摂取），③スカベン

ジャー（活性酸素除去物質）を"三種の神器"としていますが，長い歴史をもつ「医食同源」の実践とも合致していますので，筆者の実感としてもこの三つを活用していただくことが健康に良い方法だと思います。

人間の躰は，全体が統合的なシステムとして働いており，環境条件により絶えず変化しています。腸内微生物の栄養補給も十分配慮し，定期的にバランスの良い食物を摂取し，消化器官の各臓器の負担を軽減するため十分嚙むことが，脳内の各機能の活性化に連動して血液循環を促進し，微生物と共生して健康を保つことができるのです。

大切なことは，躰の構造（日本人の腸は，アメリカ人に比べて1～2ｍ長い）と機能をよく知り，摂取する食べ物の変化にも注意しながら，毎日の摂取量の目安は，運動量，睡眠状態や図4，5，6のバランスを考えて，①＋②＋③のカロリー総計量を摂取することです。

表1　人のエネルギー消費とその割合

①基礎代謝量（必要エネルギー全体の70％：心臓や各臓器の動きや呼吸など人間が生きていくために使われるエネルギー。ただし，加齢により減少する高齢者の場合は1200kcal前後を目安にします）
②生活活動代謝量（20％：仕事や運動など躰を動かして消費するエネルギー）
③食事誘導性体熱産生（10％：食事時に消化・吸収のために消費されるエネルギー）

経験的に言いますと，一食を5とすると朝・昼・夕食の比率は，7・5・3（または，5・7・3）の割合で摂取し，カラフルな（赤・白・緑・黒・黄色）配食と正しいミネラルバランスを考えた食生活をすれば，体調も良く健康に過ごすことができます（詳細は4章参照）。

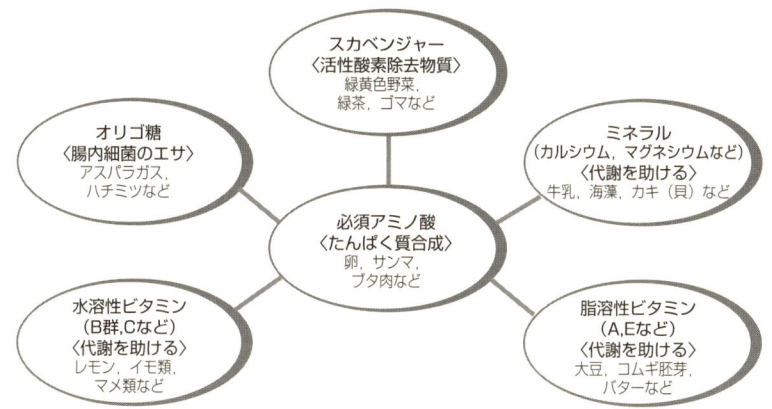

遺伝子が要求するアミノ酸を質的にも量的にも満足させる理想的な「食」のスタイルが，「ヒトフード」です。このヒトフードの考え方を普及させ人々の健康増進のために役立てることが，「分子栄養学」の目標です。

図5　理想のヒトフード
出典：三石巌『改訂版 医学常識はウソだらけ』都築事務所，2001年。

 免疫機能を高め，自律神経のバランスを維持

交感神経と副交感神経のバランスが
体調に影響します

　図6のように，人間の躰は食物摂取による十分な栄養・運動・休養のバランスによる血液循環によって維持されています。同時に加齢による免疫機能の低下を遅らせるため，躰の五感を働かせた日常生活の暮らし方によって自律神経のバランスを図り，機能低下を予防することも重要です。

　本来，"人間は「よく生まれ，よく育まれ，よく働かせる」ようにつくられている"(9)と言われ，外界からの刺激を受けとめる五感（視覚，聴覚，嗅覚，味覚，平衡覚）の活動により大脳に情報が伝達されます。

　そのため，「刺激が頭脳に負担をかけ過ぎると私たちは不安になる」ことや「病気は，自律神経の異常のサイン」(10)ですので，表1のように自律神経は交感神経と副交感神経のバランスによって維持していることを十分学ぶ必要があります。

1章　まず，からだの仕組みを考えてみよう　11

図6　健康はバランス
出典：三石巌『改訂版医学常識はウソだらけ』祥伝社，2001年。

表1　交感神経・副交感神経緊張状態で起る病気

交感神経緊張状態で起る病気	副交感神経緊張状態で起る病気
顆粒球の増加 ◆活性酸素による組織破壊が起こる，がん/胃かいよう/かいよう性大腸炎/十二指腸かいよう/白内障/糖尿病/橋本病/甲状腺機能障害 ◆化膿性疾患が発症する 急性肺炎/急性虫垂炎/肝炎/腎炎/膵炎/化膿性扁桃炎/口内炎/おでき/ニキビ ◆組織の老化が進む シミ/シワ/動脈硬化 **アドレナリンの作用** ◆血管が収縮し血行障害・虚血状態が起こる，肩こり/手足のしびれ/腰痛/膝痛/各部の神経痛/顔面マヒ/関節リウマチ/五十肩/痔/静脈瘤/歯槽膿漏/脱毛/めまい/高血圧/脳梗塞/心筋梗塞/狭心症/不整脈/動悸・息切れ/偏頭痛/しもやけ/冷え性/アトピー性皮膚炎 ◆排泄・分泌能の低下によるためこみの促進，便秘/胆石/結石/脂肪肝/尿毒症/ウオノメ/ガングリオン/妊娠中毒症/口渇感/食中毒/冷や汗（汗の分泌異常） ◆知覚が鈍る 味覚異常/視力低下/難聴/痛覚の低下 ◆緊張・興奮 イライラする/怒りっぽい/不眠/のどの狭窄感/食欲減退/ヤケ食い	**リンパ球の増加** 花粉症（一部）/アトピー性皮膚炎 ※一部では顆粒球が多い。 もともとリンパ球が多い体質の人は交感神経緊張刺激で発症する。 **アセチルコリンの作用** ◆血管が拡張し血流が増加する 　動脈の血流増加 　　↓ 　静脈で血液が停滞する 　　↓ 　うっ血状態（動脈と静脈の血流のバランスが悪くなる） 酸化したステロイドなどの有害物質が蓄積する／のぼせ/蜂窩織炎性虫垂炎／うっ血しやすい人は交感神経緊張刺激でしもやけになる アトピー性皮膚炎（体質）／交感神経緊張刺激で悪化する（発症する） 花粉症（体質）／小児ぜんそく/アナフィラキシーショック ◆排泄の高進 下痢/骨粗鬆症/癒着性腸閉塞 ◆知覚過敏 かゆみの増悪/痛みの増悪/しもやけのかゆみ/頭痛の痛みなどが増悪する ◆沈静・リラックス うつ病/気力の減退/食欲亢進 過食を起こした反動で拒食になることもある

出典：福田稔『実践「免疫革命」爪もみ療法』講談社，2004年。

第Ⅰ部　「生活機能」の自立ってどんなこと

躰のメカニズムの根本的な構造と機能を十分に知ることで，後述する介護予防の具体的な方法は日常的に行うことが必要であるということを理解できると思います。

　日常的に用心深く，自分の躰の内外に発するサインを視て聴いて行動を変化させ自律神経のバランスをとり，自己（セルフ）を介護（ケア）することにより，加齢しつつも健やかに暮らすことができるのです。

注
（1）国連は，①高齢化社会は65歳以上の人口比率が7％以上の場合（日本は1970年），②高齢社会は65歳以上の人口比率が14％以上の場合（日本は1994年）と定義しています。日本の老人福祉法は65歳以上の者を老人としています。老人保健法は70歳以上および65歳以上70歳未満の寝たきり老人等と，法律により異なっています。しかし，「高齢」の自覚ほど個人差が大きいものはないようです。たとえば，自覚がなくても先天性疾患（例：ダウン症）により老化が早くなる人がいます。その一方，100歳を超えて，「老後のため貯金します」という人もいます。
（2）1つ2つと年齢を数える幼児期，1〜9歳。
（3）薄井坦子著『ナースが視る病気』講談社，1994年，20頁。
（4）福田稔著『実践「免疫革命」爪もみ療法，がん・アトピー・リウマチ・糖尿病も治る』講談社＋α新書，2004年，82頁。
（5）斉藤希史子記『主食中心で健康に』毎日新聞社，2005年10月4日朝刊。
（6）三石巌著『改訂版 医学常識はウソだらけ —— 分子生物学が明かす「生命の法則」』都築事務所，2001年，169頁。
（7）三石巌著『改訂版 医学常識はウソだらけ —— 分子生物学が明かす「生命の法則」』都築事務所，2001年，143頁。
（8）薄井坦子著『ナースが視る病気』講談社，1994年，20頁。
（9）A．ミアーズ著池見西次郎，鶴見孝子訳『新装版自律訓練法 —— 不安と痛みの自己コントロール』創元社，2002年，23頁。
（10）福田稔著『実践「免疫革命」爪もみ療法，がん・アトピー・リウマチ・糖尿病も治る』講談社＋α新書，2004年，106頁。

2章 ライフサイクルと加齢を理解しよう

加齢から起こる
いろいろな現象に
注目しましょう

1 だれもがたどる道

赤ちゃんの頃, だれもが
介護を受けていました

◆「つ」あり時代と老化による死までの過程は逆順です

　すべての人はライフサイクルのなかで少なくとも2回「介護」を必要とする時期があります。1回めは出生後からの幼児期です。一人ひとりに時間的差異はありますが, 受精から約10カ月で出生し, 4カ月めには首がすわり寝返りができて, 7～8カ月でハイハイに移行します。そして座ることができますと, 9～10カ月でつかまり立ちができ, 手すりをつかんでカニさん歩きし, 1歳で一人歩きができるようになります。さらに1歳6カ月ごろから走ることができ, 6歳ごろには足のアーチ構造の形成と手指の巧緻性も獲得できるのです。その過程で, 親や兄弟や周囲の環境から真似る→見習う→学ぶ→工夫することで健全に発達・成

長していくためには，豊かな環境の保障が必要であり，次第に子どもから大人への助走が始まる時期になっていくのです。

そのため，昔から1つ，2つ，3つ……9つまでを「つ」あり時代と呼んで，出生時から生命・生存維持や成長発達に不可欠の親族，近隣等による自発的で無償の介護を受けます。また出生直後から「社会的介護」を必要とする乳児や子どもの受ける「プライマリー介護（ICF：primary caregivers）」の時期として，社会も認めてきました。小学校へ行くまでには日常生活の自立ができ，10歳になると自己の客観化や運動の巧緻性が高まり，1人でなんとか生きていくことができるようになります。

すべての成人した人間はだれもが少なくとも6年間は「プライマリー介護」と，人によっては乳児期から乳児院や養護施設で専門的介護を受けてきたことになります。

要介護期の2回めは，高齢期です。表1のように，人間の平均寿命に占める障害を有する期間の国際比較は，環境要因や遺伝子特性に影響されるといわれますが，地球上のどこに住んでいてもほぼ7.0～8.0%です。したがって厚生労働省が発表した2004年の簡易生命表に見る平均寿命は男78.64歳，女85.59歳ですので，ライフサイクルにおける障害期間を換算しますと男6.2年，女6.8年となり，配偶者や子ども・友人による"プライマリー介護"や介護保険制度等の専門的介護を必要とする期間となります。

表1　平均寿命に占める障害を有する期間の国際比較

平均寿命に占める障害を有する期間	%
1　ギリシャ	7.0
2　イギリス	7.1
3　オーストリア	7.4
4　スペイン	7.5
5　イタリア	7.7
6　オランダ	7.7
7　フランス	7.8
8　日　本	7.8
9　オーストラリア	8.0
10　ベルギー	8.0

出典：厚生労働省監修『平成13年版厚生労働白書』ぎょうせい，2001年。

加齢につれて歩くことに苦痛が生じ，遠出を控え，外出を控え，日常生活圏においても杖やショッピングカートが必要となります。さらに室内の生活も苦痛となり，座る時間が長くなって立位保持や起居が億劫になり，休む時間や寝ている時間が多くなって寝たきり状態におちいりがちになります。

　このように「つ」あり時代の乳児期の寝たきり状態から，2足直立歩行が安定するまでの過程と，老化によって死にいたる過程は，生物学的に見てほぼ同じくらいの期間であり，逆の経過（逆順）をたどります。このことを高齢者一人ひとりは，自覚して行動することが大切です。

♦すでにだれもが介護を受けてきたのです

　すべての人が，出生から日常生活における生活機能の自立まで，少なくとも6年間はプライマリー介護または専門的介護を受けてきた事実を，正しく認識することが肝腎です。

　だれもがこの認識をもつことは，かけがえのない地球の日本に住む地球人として，共生社会の福祉化に向けての出発点でもあります。この認識は日本人一人ひとり，ことに認識の薄い若者の増加や近視眼的になりがちな政策立案者や行政担当者が，十分理解し正しく認識できれば，高齢者福祉政策への対応も変革できるに違いありません。

　そうすれば，どのような政策をまず優先することが大切であるかの理解が生じてきます。その一方，高齢者一人ひとりも，2つの時期はほぼ同じ期間でありその経過は逆順であることを十分認識することによって，加齢に対して十分な知識を持った日常的な対応や，やがて来る死が必然であることも自覚でき，おのずと周囲の環境に優しい態度で接することが可能になるに違いありません。

　"ピンピンコロリ"の人から寝たきり30年の人まで，またどんな状況（貧富の差や人間関係の多少，在宅または施設を問わず）にある人でも，出生時と死後の処置は他者の世話を必要とする社会的動物であることを自覚し，日常的に他者との協調的態度を養うことが肝要です。

　たとえどこで暮らしても，一人になっても，住み慣れた地域で安心し

て暮らすには社会的サービス・制度・政策，とりわけ専門的介護支援の充実や地域健康ケアを推進することが必須であり，介護は共生行為に基づく世代間にまたがる必須の基本的人権の問題として最優先すべき緊急の課題であるといえます。

リスク（危険・危機）に留意して生きる時期

後期高齢期（75歳以上）に
ガクッとくるのはなぜでしょう

◆ 躰のいろんな機能が低下していくことを理解しましょう

● 事例

一人暮らしの高齢女性（90歳）の体験によりますと，「70歳までは，ばりばり働いて老いることの自覚もなかった。しかし，70歳を超えると『ガク』と躰全体の力が落ちたような気がして体力がさがり，75歳になった時，『ガクガク』ときて用心するようになった。

それでも町内の役員をさせてもらって，夫の介護を5年して見送りました。80歳になると，『ガクガクガク』と体力が落ちたような気がします。今は，ご覧のようにショッピングカートを使っていますわ。おじいさんが待っているあの世へいつお迎えが来ても良いように，一日一生と思って生きています」ということです。

◎ この女性の体験は，図1の老年学の研究成果とほぼ同じで驚くばかりです。さらに，歯科保健対策として「8020（ハチマル・ニイマル）運動」を推進する（図2参照「自分の歯が20本以上ある者の割合の推移」）調査結果を見ましても，「ガクガクガク」とくる80歳以上ではその割合が9.9%にまで急下降する事実とも合致しています。

事例に合致する高齢女性の体験談と統計的数値から，65歳以上の前期高齢期と75歳以上の後期高齢期は，加齢による躰の諸機能の低下が著しくなる時期であることに留意しなければなりません。

寝たきり発生のメカニズムは，閉じこもり症候群から生活空間が狭まり，活動量の低下によって廃用症候群（運動不足病）(1)となり，寝たきりの悪循環が始まることから生まれます。

そのため，日常生活は自動車をできるだけ使わず，専門家による自分

に合った杖や靴の作成，ショッピングカートの導入をためらわず他者の助けもためらわないで，毎日の外出を心がけることが大切です。

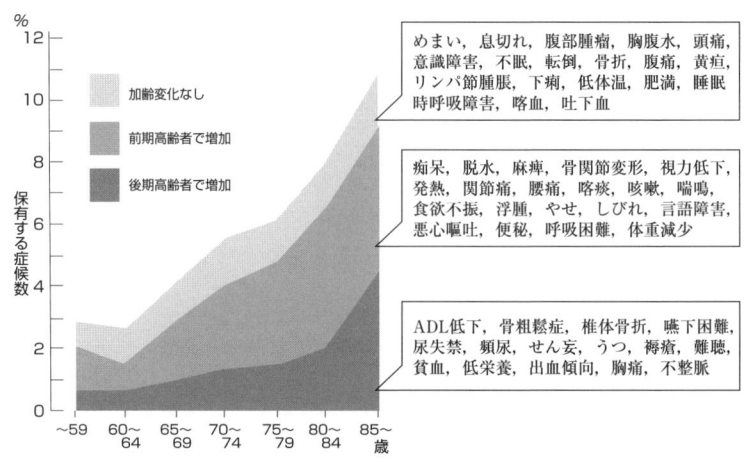

図1　3つの老年症候群
出典：荻原俊男編『老年医学』朝倉書店，2003年。

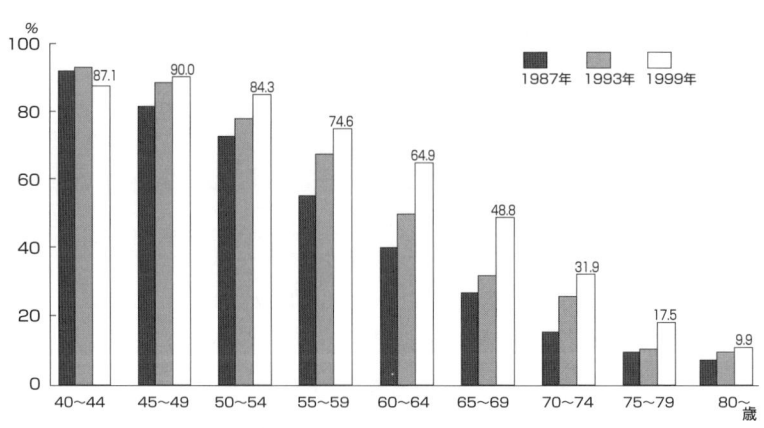

図2　自分の歯が20本以上ある者の推移
出典：厚生労働省医政局歯科保健課『歯科疾患実態調査』。

♦ 8020（ハチマル・ニイマル）運動とかかりつけ歯科医の役割の大切さ

　よわい（齢）は"歯"の字が入っているように，昔の人は生物がこの世に生きている間の長さを"年齢"または"年齢と歯"を基準にし，さまざまな諺を作って戒め，教えてきました。

　年々日本人の平均寿命が上昇していますが，それは歯の残存率の上昇と連動しています。歯の健康状態が健やかな寿命に連動していることをあらためて自覚する必要があります。

　歯や歯肉の状態と躰全体の健康は相互に補完し合っていますので，健やかな暮らしの基は，ライフサイクルにおける歯の健康が鍵となります。

　そのため幼児期からかかりつけ歯科医をもち，年2回の定期的検診を受けることです（図3参照）。同時に日常生活において，食物はなんでもいただき，ゆっくり嚙んで十分に唾液を出し，歯磨きと歯肉マッサージによる口腔内の健康に気をつけることも重要です。それらは，脳の活性と手・足指の血液循環の促進につながり，認知症の予防になる大切な行為だからです。

　8020運動は1989年に提唱されましたが，1997年からは市町村の歯科保健推進事業の推進，さらに2000年から都道府県の8020運動も強化され，往診も可能になりました。面倒と思わないで，80歳で20本の自歯があることを目標に，日常の口腔内の健康を工夫することは，苦痛やストレスの軽減にもつながる大切な行為です。

○○様

拝啓　その後お変わりなどございませんか。早いもので前回ご来院の節に申しましたように，検診・歯石除去・虫歯予防薬塗布のときがまいりました。下記日時をご用意いたしましたのでお知らせいたします。なおご都合の悪い時は変更いたしますので電話にてご相談ください。

　当日には保険証とこのハガキをご持参ください。

　平成17年12月3日（日）午後3時　　　　　　　　　　　　　　　　敬具

　　△△　歯科医院

図3　検診案内

図2で自歯が20本以上ある者の40～44歳の1987年（92.9％）と1999年（87.1％）で比べますと，5.8％も低下していることがわかります。今後，若年者の健康に対する生活習慣の低下が心配されますので，先輩として見逃してはならない事実です。身近な若者に歯と歯肉の健康維持方法を伝えることも重要な役割となっています。

　かかりつけ歯科医を選ぶことは，ライフサイクルの中で健やかに暮らすための大きな財産です。どんなに加齢しても年2回の定期的受診は，歯の状態から躰の健康維持状態を診てもらう意味でも大切です。長年にわたって信頼関係のあるかかりつけ歯科医は，できるかぎり抜歯はしません。少しでも自歯が残っている場合は，工夫して人工継ぎ歯を考えてくれます。

　筆者は，20代の時かかりつけ歯科医から紹介状をいただき，故郷の歯科医に変わって35年間，年2回の検診で全歯を保っています。

◆ **かかりつけ内科医と緊急時の準備は必須です**

　加齢して後期高齢期になりますと，たとえば若者と同じように感冒を患った場合，若者は高熱を発しても，高齢者は微熱か中等度の発熱程度であることが多くなります。それで症状が長引き重症化してから受診することになり，手遅れになることがあります。

　そのため若い頃からかかりつけ歯科医と同じように，かかりつけ内科医を持ち，定期的な健康診断を受け，そして躰の異常時は，できるだけ早く受診することが大切です。

　筆者の住む名古屋市の場合（図4参照）のように，居住する地域の医療福祉圏域がどのようになっていて，救急時はだれに，どのような方法で緊急連絡をすると迅速な救助で受診ができるのかを確認しておくことが大切です。

　名古屋市の場合,「消防あんしん情報登録制度」というものがあります。他府県においても地域の高齢福祉課に問い合わせ，同様の制度を利用することも大切です。ことに，一人暮らしの人や，家族があっても日中一人になる病気のある人は，緊急時に，入浴中でも使用可能な防水腕時計

型で，押せば連絡網とつながる機器をつねに使用することも必要です。
　一人暮らしの場合は，救急時の必要物品（健康保険証・介護保険証，認め印，下着と寝巻き，万一の場合の連絡先と日記等）の置き場所がはじめて室内に入るだれにでもわかるように準備しておくことも肝要です。

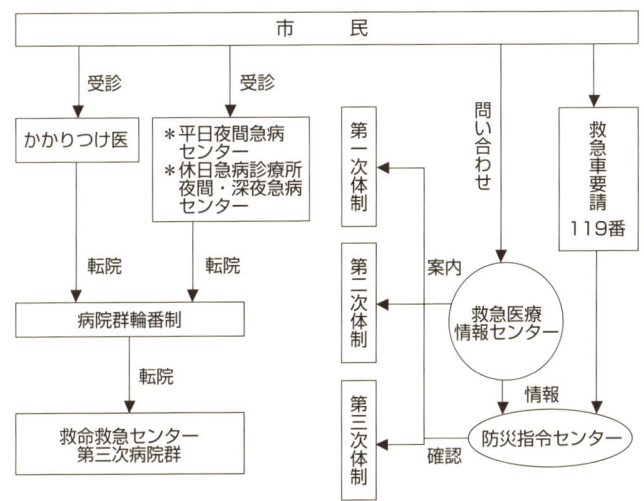

(1)　日常的にかかりつけ医をつくっておく
(2)　第一次体制：軽い病気やけがのとき
(3)　第二次体制：入院や緊急手術が必要なとき
(4)　第三次体制：生命に関わるような重篤患者が発生したとき

図4　名古屋市における救急医療体制
出典：健康保険局保健医療課消防局救急対策室『身につけよう正しい応急手当』
名古屋市，2000年。

◆ 死を迎える準備は大切です

　だれにも公平なのは，1日24時間の機械的時間と「死」です。
　筆者が病院で0歳から92歳までの死を看取って学んだことは，たとえ，今，健康を自負している人でも，高齢者の仲間入りをしたすべての人は，残された者への配慮として死を迎える準備をすることが肝腎であるということです。

● 事例

病院で死を迎えた高齢者（78歳）の場合

　病院の個室で見事な死に方を教えて下さった身寄りの薄い、ほぼ全面看護状態であった高齢者（78歳）を紹介しましょう。

　準夜勤勤務の午後11時、ブザーが鳴り個室を訪れますと、「○○さん、お手間かけますが、私の時間はもうない（咄嗟に、死の意味と理解）ようですから、当直の先生を呼んで、一緒に来てくれませんか」と澄み切った眼を真直ぐに向けられました。

　その威厳の前に、「はい、畏まりました」と素直に答えて、ナースステーションに戻り、電話で当直医を呼びました。

　電話の当直医は、「状態は？　バイタルサインは？」と矢継ぎ早の質問でしたが、バイタルサインの測定よりも患者の澄んで真剣な眼差しに、当直医と一緒に病室に行くことを優先すべき大切なことであると判断したと伝えました。直ちに、ナースステーションに駆けつけた当直医は、診療録を読みながら、病状報告を聴き、お互いに深呼吸をして病室へ。

　訪室を告げて病室に入りました。患者さんは片手に手帳を持ち、「ギャッジをあげてください」と言われ、ギャッジベッドを30度位にしますと「座れるまでお願いします」と言われ90度にしました。すると、どこに力が湧いてきたのでしょう。患者さんは正座をされ寝巻きの襟元を直し、オーバーテーブルの上に手帳を置き、「先生、○○さん、お呼びたてしてすみません。今、お礼を伝えないと間に合わないと思いまして。長い間ご親切にお世話になり、誠にありがとうございました。主治医の△△先生、婦長さんや皆さんによろしくお伝えください。最後にすみませんが、ここに連絡先がありますので、私が死んだら電話をお願いいたします」と言われました。ベテランの当直医とともに「わかりました。必ず連絡させていただきます」と同じ返事をしていました。直ちに、ギャッジベッドをおろし、当直医は丁寧に診察を終えた後、静かに「ゆっくりお休みください」と伝えて病室を離れました。

　注意深い巡回のなか、明け方、患者さんの呼吸が速く、脈拍の不整が現れたため、すぐに当直医に連絡。駆けつけた直後、消え入るように亡くなられました。

　手帳には、日本篤志献体協会の会員証（献体登録証）と連絡先の名前があり、滞りなく会員証の大学と連絡先のAさんに連絡。主治医、当直医、看護婦長はじめ、病棟職員に見送られて退院されたのです。

◎この高齢者の場合、大都会の一人暮らしを覚悟して生き、発足したばかりの献体システムに自分自身を献体として医学や今後の患者さんに役立てる志と、毅然として死を予感し、周りの者に感謝して自分の死を迎える態度は、医師・看護者に大きな教えを与え、今日なお、医師と看護者のこころのなかに生き続けています。

　各自の死に際の志と覚悟、周りへの感謝をこめた静かな死を迎える態度を見習い、本人の意向を確実に伝えることが医師・看護者に問われるのです。

財団法人　日本篤志献体協会
目的：この法人は「天寿を全うしたのちに自己の遺体を解剖教育の教材として無条件，無報酬で大学に寄贈する」篤志献体の趣旨を広く国民の間に普及して医の倫理の涵養に貢献し，あわせて全国の献体篤志家諸団体を助成し各団体の活動の調和を図り，もって医学の発展に寄与することを目的とする。
所轄省庁：文部科学省　　都道府県：東京都　　設立年月日：1973年5月1日
献体登録の現況（2005年10月）：日本に56献体篤志家団体，北から南まで献体登録者総数は186,007名。
入会申し込み：財団法人，または，医科および歯科の大学。

図5　日本篤志献体協会の活動目的

● 事例

5年ごとに自筆証書遺言を書き直す一人暮らしの高齢者（66歳）の場合
　住み慣れた地域で，病気をしないで暮らしていると，何かのきっかけがない限り，遺言までも気がまわらないのが人情です。
　この人は一人暮らしで就労中の時（50歳），突然，心臓発作で父親（76歳）が死去。母親・兄弟姉妹で遺産相続の揉め事が起きた経験から，自分の万一の際はわずかな財産ながら遺言書を作成しておくため講演等を聴いて勉強し，自筆証書遺言を55歳（1994年）の元旦に書きました。
　自筆遺言書の主な留意点はつぎの通りです。
① 遺言はだれでもできるが，遺言能力を失っている（たとえば，認知症）と判断される者などできない人もあるので，元気なうちに書いておく必要があること。
② 自筆証書遺言は，すべて自筆で全文・日付・署名して押印し，密封して置くこと。現行法では，パソコン・ワープロは認められず，録音遺言は不可であること。
③ 密封された遺言書は勝手に開封できないため，家庭裁判所での検認手続きが必要であること。
④ 健在である限り遺言書は無効であり，変更や財産処分は自由であること。
⑤ 財産相続以外の内容，たとえば，遺贈，後見人の指定，認知，相続人排除，祭祀主催者の指定や心情なども記載できること。
⑥ 遺言は法定相続分を変更することが可能なものであること（図6参照）。
⑦ 用心することは，遺言書が発見されず偽造の恐れもあるので，貸し金庫などに保管し信頼する人に伝えておくことが大切であること。
　毎年，元旦の朝，近くの神社へ参拝し，朝食を食べ，新聞と年賀状を読み，一休みの後，遺言書の変更をするかどうかを判断しています。
　60歳の元旦，全文自筆で日付を入れ，署名して押印し，密封して保管をしてきました。

65歳（2004年）の時，友人から公証人役場は，公証事務に関する相談は秘密厳守で無料と聞いて，友人とともに訪ねました。
　公証人役場によりますと，遺産に関する権利をめぐる争いは年々増加の傾向があり，遺言の重要性が広まりつつあるということです。

◎ 公正証書遺言の方法は，

① 公正証書遺言は，公証人役場に，証人2人以上と本人が出向いて，公証人が作成します。または，公証人が自宅または病院（病床執務加算等の費用が必要）等へ出向いて作成することもできます。

② 諸費用が必要です。しかし，法務省令により，厳正に遺産額や分け方により差異があります（図6参照）。

③ 適法な遺言を作成できます。公正証書遺言書は，相続人が揃っていれば，自由に開封できます。

④ 紛失・変造等を防止できます。

　しかし，自筆証書遺言は，遺言内容を秘密にできて，費用も要りませんが，内容の不備がある場合も考え，費用はかかりますが，公正証書遺言が適正な方法です。
　さらに，秘密証書遺言や特別な方法による遺言もありますので，「備えあれば，憂いなし」，一度，公証人役場で相談されることをお勧めします。

法定相続
民法で定められている相続人となる順位
*配偶者：つねに相続人となる
*子（養子も含む）：第1順位
*直系尊属：第2順位
*兄弟姉妹：第3順位
民法で定められている法定相続分
*配偶者と子が相続人の場合　　それぞれ2分の1
*配偶者と直系尊属が　〃　　配偶者が3分の2
　　　　　　　　　　　　　　　直系尊属が3分の1
*配偶者と兄弟姉妹が　〃　　配偶者が4分の3
　　　　　　　　　　　　　　　兄弟姉妹が4分の1

公正証書遺言作成の手数料

遺産の価額	手数料
*〜 100万円	1万6千円
*〜 200万円	1万8千円
*〜 500万円	2万2千円
*〜 1000万円	2万8千円
*〜 3000万円	3万8千円
*〜 5000万円	4万円
*〜 1億円	5万4千円

*〜 1億円以上も加算されます。具体的な料金は，作成時に公証人に確認するようにしてください。

図6　法定相続と公正証書作成手数料のめやす

（分配人数によっても料金は変わります。）

注
（1）医歯薬出版編集委員会『最新医学大辞典　第3版』医歯薬出版，2005年，1453頁。

3章 人間の行動のもとを理解しよう

人間の行動は
周囲の環境に影響され
変化します

1 人間の行動は，人と環境の相互作用です

意識と行動が変われば
ライフスタイルが変わります

　人間は周りの環境と関わってしか生活できない社会的動物であることを自覚することが，何よりも肝腎です。人間の行動の原理を K. レヴィンは，表1のようにまとめています。

　人間の行動が人と環境の相互作用であることは，国際生活機能分類（ICF；2001年国連総会で満場一致で採択）の普遍的・統合的な「相互作用モデル」に活かされています。

　しかし日本は，1980年の WHO で仮訳の「国際

表1　人間の行動原理（K. レヴィン）

1	人間の行動は人と環境の関数である。つまり B（人間の行動）＝｛P（人間）×E（環境）｝
2	人間の行動は欲求によって変わる
3	人間は自分の知覚や体験をもとに考える
4	人間は自分の考えをなかなか変えようとしない
5	人間は自分の行動には勝手に意味づける

障害分類（ICIDH）」を1985年から導入し，障害は個人の「疾患の帰結（異常）」であり，社会への適応には，リハビリテーションや保健・福祉の充実が重要であるという"医学モデル"が定着してきました。

　そのため，2000年に始った介護保険制度においても，医師の処方箋通り病院やリハビリセンターへ行き，あるいは介護支援事業所の送迎車で往復して理学療法や作業訓練を受けるという，あくまで受身の躰の機能訓練療法と，家に帰れば病人としての暮らしを続けてきました。そして高齢者自身やその家族は，1日わずか数時間のリハビリテーション訓練での効果を期待し，その結果，「年だから……」とあきらめの気持ちが行き渡っていた傾向があります。

　しかし近年，肺がん・胃がんの外科的治療の手術を受けた場合，翌日はベッド上で座位になり，2日目に室内歩行，3日目にレントゲン室まで歩行というように，早期回復を目指しての早期離床が取り入れられています。

　患者や家族は手術前の十分な説明による了解（インフォームドコンセント）に基づいて，手術後の早期離床は早期治癒の好結果をもたらすことを理解し，環境としての病院関係者や直接の治療者たち（医師・看護師・検査技師・レントゲン技師等の職員）も一致した態度で対応して，相乗効果をもたらしています。

　治療方針に基づいた院内環境は患者のやる気を刺激し，心配する見舞客に対しても，患者や家族による早期離床の重要性を広げる好循環の輪が広がって，早期寛解につながっているのです。

　根本的には，人間が2足直立歩行の動物であることの宿命を自覚し，日常生活で躰の諸器官と諸機能に，必要で十分な栄養と血液循環を与え，それをより促進することが必要です。そのためには，どんなに加齢しても，後述する具体的な方法を取り入れた行動を取ることができるよう意識と行動を変化させることが，高齢者自身ばかりではなく，周りの環境としての家族や向う三軒両隣・ご近所の人たちにも問われているのです。

　実際に住み慣れた地域で健やかに暮らすには，一人ひとりの高齢者は"よいライフスタイルは次世代への責任"(1)であることを自覚し，"生活習

慣が健康をつくる"ことを肝に銘じなければなりません。

その意味で，K. レヴィンの唱える人間の行動の原理から，意識の変革と行動の変容をよいライフスタイルの実現のため一つひとつ実現することが重要です。

2 暮しを支援できる環境
人間の行動と欲求の
かかわりを考えてみます

◆ 日常的な支援の大切さ

いくつになっても高齢者が住み慣れた家で健やかに暮らすことができるには，日常的な生活支援の環境が整っていること必要です。そのため専門家は，だれでも"人間の行動は，欲求によって変わる"ことを意識して専門的介護支援の実践をすることが肝要です。

● 事例

マンションで元気に一人で暮らす男性（91歳）の場合

配偶者と死別してから本人の強い希望で一人暮らしです。趣味は料理・将棋・読書・観葉植物・盆栽・日記や手紙を書くこと。別居の子供3人と孫・曾孫・玄孫が36人います。住いの内外は本人に応じたバリアフリー。寝室には電動ベッド。枕元には緊急用ベルを設置。廊下は手すり付き。風呂場に浴槽はありますが，本人が「滑るといけない」という要望で，座ってシャワーができるように改修してあり，介護保険制度は未利用です。

約300m 先に金融機関とスーパーマーケットがあり，杖をついて買い物に行きます。約500m 先にかかりつけ内科医の医院と，近くに長女の家族が住んでおり，長男家族は市内に住んでいます。長女夫婦と長男夫婦が一週間に各1回訪れ，掃除・洗濯・蒲団干しと必要品や冷凍・冷蔵庫を点検して補充しています。さらに，県外の次男夫婦が，毎朝，電話連絡で元気を確認し，長男・長女夫婦は交替で夜電話をしています。また，食事はなんでも喜んでいただくので，機会のあるごとに子どもや孫が尋ねて来て一緒に外食することも多い状況です。

そして，つぎの約束を手帳に書いておくのです。本人は，「カレンダーに印をつけていますが，36人の子ども・孫・曾孫・玄孫の誕生日祝いを忘れないようにしなければいけないから，忙しくて，呆ける暇はない」と大変元気に一人暮らしを続けています。

◎ このように，人間は欲求によって行動が変わり，加齢して91歳を迎えても，その人自身の老化に合致した住環境と地域の生活環境が整っていれば，快適に暮らすことができる好事例です。

◆ サポーターの存在と地域の住みやすさが暮らしを左右します

　上記の91歳の男性は，「一日一生」と太陽の運行にあわせた暮らしの生活習慣（親の教え）を守り，生きがいは趣味と同時に一人ひとりの子ども・孫・曾孫・玄孫の誕生日に応じて相手の喜ぶ品物を準備し，カードに文章を書き添えて祝うことを楽しみ，訪れる子供たち（60代）の手伝いに感謝して1日がニコニコ笑顔で過ぎています。

　しかし実際には，多くの地域で安全な住環境と安心して歩ける道路や100〜200mごとにベンチがあるような暮らしやすい生活環境の整備が遅れているのが現状です。そのため，どんなに高齢者自身が意識と行動を変容しても限界があることも事実です。日々の努力を継続していても，住環境や生活環境のバリアが高くて努力の効果がないといつしかあきらめの心境となり，閉じこもりにおちいる危険性が高くなってきます。

　専門的介護者や福祉関係者ばかりではなく，一人ひとりの住民が向う三軒両隣の付き合いや一人暮らしの高齢者を意識し，いつでも手助けできる姿勢をもつことが必要です。また高齢者も一住民として行政と協力し，具体的な発言と行動によって，高齢者の生活機能の困難や障害によるバリアが少ないユニバーサルデザインによるまちづくりを推進していくことが重要となってきます。中高年や若者にも"いつか行く道"の自分自身の高齢期を想定した住環境造りや安心して暮らすことのできる地域造りでもあるのです。

　高齢者の暮らしやすいまちは乳幼児や障害のある人にも優しいまちです。地域づくりに積極的に参加し地域の福祉化を進めることが住民ことに元気な高齢者にとって大切な日常的活動の場なのです。

3 自分史を尊重し公開すること
自分史は残された人々への
大切なメッセージです

◆ 意識と行動を考えることが大切です

　だれもが"人間は，自分の知覚や体験をもとに考える"ことを，高齢者とその家族や専門的介護者は相互に理解して，両者の関係と新たな方法を創り出していく必要があります。

　たとえば，ともに暮らす一卵性双生児であっても，それぞれが知覚することや体験は異なります。学校や職場の社会関係が異なり，日中に生活する地域が異なれば，習慣も違ってきます。その結果，顔が似ていることはあっても，双生児の思考や行動は大きく異なり，性格も違ってくるのは当然です。

　この事実から，高齢者とその家族や専門的介護者にとって，もっと相互理解のために世代間の問題や価値観の相違等を話し合い，あくまでも対等な関係であることが一番重要です。むしろ，年齢的には年下であっても専門的介護者は，高齢者を人生の先輩として敬う姿勢が必要です。

　しかし実際は，高齢者をめぐる多くの諸施設は，まるで保育所の延長のような集団的行事や作業療法を実施して1日が終わるというのが実情です。その原因は，専門的介護者にとって，社会的に現役を終えた高齢者は，老化してみんな同じような感情をもつ"高齢者たち"と映るからなのでしょう。

　高齢者にとって，高齢者施設における日々の活動内容から生じる問題は，日常生活機能の困難や障害をもつ苦痛以上に，大きな苦痛となるジェネレーションギャップであり，ジレンマの大きいストレス問題であるようです。

　高齢者一人ひとりは，たとえば，健康問題を自覚していない人や長く役職を担ってきた人の場合，周りの人たちの思いに対して無頓着であるように，老化に対する自己認知には大きい個人差があります。そこで確実なことは，高齢者一人ひとりの"すべての行動には意味がある"のに

対して，家族や多くの専門的介護者が"自分の行動に勝手に意味づける"ことから生じる高齢者理解の仕方に大きな亀裂があるようにみえます。

　高齢者はそれぞれに違う内面の不安の度合い，思考力の差，多くの異なった趣味や社会的経験に基づいた力量の違いがあり，さらに加齢する日々は高齢者にとってはじめての新たな未知の経験であることを，家族や専門的介護者は理解していく必要があります。

　有史以来，誰でも"人生80年"を迎えられる時代がはじめて来たのです。そして，我国は高齢化社会（1970年）から高齢社会（1994年）への移行期間が，わずか24年の短期間であったため社会の福祉化が遅れ，一人ひとりを尊重した施設の個室化や専門的介護支援における高齢者一人ひとりの個別性が軽視されてきました。

　対応する専門職者も，理論的には高齢者の個別性を強調しながら，相変わらず集団的アプローチ中心にならざるを得ない状況が続いています。さらに，それを継続させる福祉システムの貧しさが根底に横たわっています。

　したがって，住民一人ひとりは，高齢者のだれもが体験したことのない時代のパイオニアとして生きなければならない不安が根底にあることを認識する必要があります。

　また，次世代を担う若者には，100歳を越える高齢者の増加に，ますます時代感覚の格差を実感させ，想像をはるかに超える高齢社会に突入するための不安が，一層増大する可能性が高くなっています。

　だれもが自分は正しいと言う思い込みがあり，"人間は，自分の考え方をなかなか変えようとしない"ため，だれにとっても行動の変容には強い動機が必要です。

　そのため，まずは，高齢者自身や周りの家族と専門的介護者一人ひとりが，率先して意識と行動の変容を促進しない限り，高齢者の個別性を尊重した専門的介護支援の方法を確立することはできないように思われます。

　高齢者と専門的介護者の両者が，お互いを尊重した新たな専門的介護支援の関係において，具体的でわかりやすい対応方法を生み出すことが

問われている今日であると言えるのです。

◆ **自分史作りとその公開がつらい症状に効果があります**

　前述のような高齢者と家族や専門的介護支援者の環境のなかで，これからの高齢者一人ひとりの果たすおおきな役割の1つは，老いた者がつぎの世代に遺すものとして自分史を記録し，専門的介護が必要となった際ことに認知症や精神と行動の障害時に，見せることができるようにすることです。

　本来，日記は自分自身の記録であり，たとえ身近な人でも見せない，見ないのが暗黙の了解でした。これからは，一人ひとりが自分史を意識して，あるきっかけ（感動を味わった場合，定年，旅行，配偶者の死等）から，自分自身の振り返りの意味をこめて自分史を書き綴ることは，自分自身の歴史の記録であると同時に，残された者への大切なメッセージであるように思います。

　ときに中高年の人から"ボケれば，解らなくなるのだからいい"と言われることがあります。しかしこれは大変な誤解であり，認識不足であると言えます。

● **事例**

　一人暮らしで認知症を発症した高齢女性（76歳）の場合
　高校卒業後，42年間，商事会社に努め，60歳の定年を期に，アパートから土地付の一軒家を購入して，郊外に住み始めました。2人姉妹の長女で両親はなく，県外に嫁いだ妹との付き合いは甥・姪を連れて来ることでした。仕事一筋で趣味もなかったので茶道・華道を習い始め，旅行を楽しみ，庭に茶花を栽培して生活していました。唯一の楽しみは洋服や着物を購入して着ることでした。
　若い頃から低血圧の頭痛持ち，お茶漬けなどあっさりした食事と好物はお饅頭でした。1年前，妹さんがあれっと思ったことは，正月に訪れた姉宅の台所のテーブルは，開封した同じ製品の佃煮や梅干，菓子などでひどく散らかっていることでした。そしてトイレや浴室の汚れでした。姉は眠れないので眠剤を飲んでいること，「頭がおかしくなりそう」と，電話するごとに繰り返し話していたとのことでした。
　それでも元気な姉だからと忘れていた矢先，姉宅の近所の人から電話が入り，夜中に

> 徘徊していて精神科病院に入院されましたとのことで驚いて駆けつけると，姉は「目が見えなくて，何がなんだかわからない」ということでした。眼科受診でも特別な問題はないようです。
> 　その後，妹宅の近くのグループホームへ姉を入所させましたが，グループホームの職員や仲間と妹さんには心を開いて散歩にも同行しますが，知人や甥や姪が訪れると「目が見えないから，散歩には行かない」と断っているとのことです。
> ◎どんな状態になっても自尊心を持って生活することが生きる支えになっていることを教えていただいた事例です。

　この女性のように，多くの認知症の高齢者から「頭のなかが壊れていく感じがする」と訴える人が多いのは，将来の不安が伴って憂鬱な日々を過ごすことが多いからです。そして壊れていく脳の症状としての病的な"物忘れ"が日常的になり，周りの監視するような視線に囲まれ，不安が増大する悪循環におちいって行くのが現実です。

　高齢者が認知症になった場合，身近に介護を担う人や専門的介護者に役立つ大切な自分史であることを自覚して書くことも，思考力を高め，認知症の予防になるのです。また自分史の記録は，受診時に役立つ重要な病歴資料となり，正確な診断の基になります。そして，高齢者本位の専門的介護支援の具体的な個別的支援方法の立案に貢献する教材を提供することとなります。

　高齢者一人ひとりは，自分の過去の歴史（ことに，趣味や経験、食事等）や，どこで暮らしても，終末期に安らかで尊厳ある死をどのように迎えたいか，死後の安置は，どのような方法（たとえば，樹木墓や散骨等）で行ってほしいか，さらに，残された財産は，どのように分配してほしいか等の具体的な内容を記録して，自筆又は正式な遺言書を添えて，できるだけ残された者への負担を軽減するのも大切なことであるようです。

　このような方法を拡充していけば，専門的介護支援の具体的な方法論の確立にも大いに役立ち，後輩の専門的介護支援に貢献するものといえましょう。

注
（1）森本兼ヒサ監修『遺伝子が人生を変える──8つの生活習慣と染色体の脅威の関係』PHP研究所，2001年，183頁。
（2）森本兼ヒサ監修『遺伝子が人生を変える──8つの生活習慣と染色体の脅威の関係』PHP研究所，2001年，75頁。

第 II 部

暮らし方のリフォーム①
からだと身の回りのこと

4章 自分の生活リズムを活かしましょう

健康状態と
からだのリズムは
密接に関わっています

1 「生体」リズムと「生活」リズムを理解しましょう

人間には体内時計と
社会の時計があります

　20世紀はじめの科学者は，すでに植物・動物に生物時計の存在を認識していました。1964年，ジョン・D・パーマーは，自分自身が洞窟に2カ月間生活して人間の体内時計（睡眠・覚醒リズム）は「平均24時間40分という周期の概日性睡眠・覚醒リズムが認められた[1]」ことを明らかにして，サーカ（およそ）ディアン（1日）という言葉が作られました（サーカディアン・リズム）。

　2005年，生体リズムを刻む体内時計を調節しているたんぱく質（BMALI）が発見され，「体内のBMALI量は1日のうち午後10時から午前2時ごろが最高で，最も少ない午後3時ごろの20倍」であり，細胞内への脂肪の蓄積と密接に関係し，「夜遅く食べると太る」仕組みが分子レベルで解明されました[2]。これにより祖先が培ってきた経験的な暮

らし方である生活の智恵が生物科学的に解明され始めています。

図1のように私たちは①躰の体内時計，②太陽・月の運行による環境時計と，③1日24時間の機械的な時計の3つの時計に影響され，あるいは左右されて暮らしています。

この結果私たちは，自分が住む地域の気候・風土や季節の移り変わり，同じ家族であっても，日中に活動する保育所・学校・職場等の違いや室内の居場所や食物摂取・睡眠の質量によって生体リズムに歪みが生じ，病気の種類や質も一人ひとり異なってくるのです。しかし全体の傾向として，病む家族の多い家庭には共通した生活リズムの歪みがあることも無視できない事実です。

一人ひとり，あるいは同一世帯内で生活する仕方つまり生活リズムによって私たちの躰は影響を受け，生体リズムが，瞬時から1日・1週・1カ月・1年へ，そしてライフサイクルは生涯に渡って，3つの時計のバランスによって健康が保たれることを自覚することが肝要です。

一人ひとりの生体リズムは異なっても，人間として3つの時計の大き

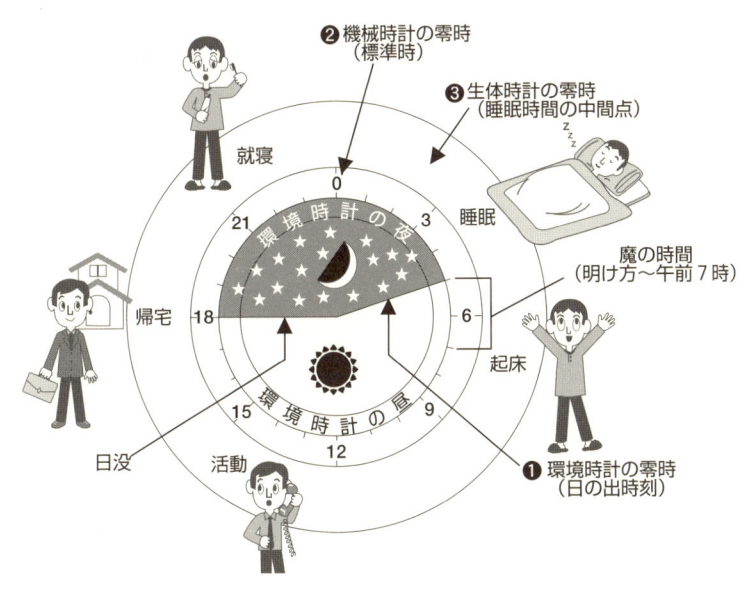

図1 私たちは3種類の時計に支配されている
出典：田村康二『生体リズム健康法』文芸春秋，2002年。

な作用による共通した生体リズムのバランスが崩れやすい時間があり，さまざまな疾患につながる"魔の時間"は表1の通りです。

そのため一人ひとりが，まず，自分の生体リズムと生活リズムを知り，この2つのリズムをどのように調和させ活かして健やかに暮らすかが何よりも重要になり，生体リズムを活性化する生活リズムを整える日常的な工夫が必要になってきます。

表1　人間の生体リズム

<人体で起きるほとんどの生理学的な現象にはリズムがある>

午前3時：最低血圧
午前4時：喘息発作が最も激しい。
午前6時：花粉症・寒冷蕁麻疹が一番ひどくなる。
　　　　関節リュウマチが一番ひどくなる。
午前7時：1日のうちで血圧の上昇が最大
　　　　扁桃痛，心臓発作，脳卒中が最も起きやすい。男子で，性的欲求が高まる。
午前9時：尿量最大
午後3時：精神的活動がピークになる。
午後4時：肺機能がピークになる。
　　　　（1分間当たりの呼吸量が最大）
午後3時：変形性関節炎の症状が最もひどい。
　～6時：健康体ならスポーツに最適な時間。
午後9時：血圧が降下し始める。
午後11時：アレルギー性反応が増え始める。

出典：ジョン・D・パーマー著，小原孝子訳『生物時計の謎をさぐる』大月書店，2003年，71～72頁より。

2 自分の生活リズムを知り，活かすこと

病気の背景にはライフサイクルにあるパターンがあります

体内時計の主な働きは，「周期的に変化する環境の中で，つぎにやってくる変化に躰を準備しておくこと(3)」であることに留意する必要があります。

● 事例

一人暮らしの女性（66歳）の場合
1日の時間帯のなかで，日中の就業中は，感冒や流感の人と接する機会が多いため，休息時は"手洗い"と"うがい"を実行し，"腹式呼吸10回"と緑茶か100%果汁を飲

用し"水分補給"をしています。これは気管支や口腔内の湿度を保ち、除菌する感染防止のためばかりではなく、新鮮な空気（酸素）と水分・ビタミンを補給して血液循環を促し、生体リズムを整えるためでもあります。

1週間の生活リズムとして、土曜日にはボランティア活動で社会参加をし、土曜の夜から日曜日は自宅で自分中心の家事・買い物・室内外の観葉植物・生花の手入れとその補充に費やして精神のリラックスを心がけています。日曜日午後のティタイムは友人・隣近所の人たちとの交流や読書、TV・音楽鑑賞で早めの睡眠を心がけています。

1カ月の生活リズムは、若い時の月経のリズムを意識して日記に記し、月経周期前後の気分変動時は安静とリラクゼーションに気をつけることを続けています。これが自分自身の生体リズム（ホルモンの生成や免疫活動の波）であると認識し、更年期もこの周期に気をつけて更年期症状もなく暮らしてきました。男性にも更年期はあり、男女を問わずだれもができるだけ生体リズムのバランスを保つ工夫を実行して暮らすことが大切です。

1年単位と10年単位の生活リズムをみますと、未熟児で出生して虚弱であったため、幼少時から気管支が弱く青年期に1年間肺結核を患った経験から、冬期ことに空気が乾燥して湿度が下がる1～3月は、1年で一番生体リズムが崩れやすい季節であることを自覚し、生活リズムをゆっくり・ゆったりに切り替えながら暮らしています。さらに、5年日記を利用して、自分自身のライフサイクルにおける生活リズムの節目は10年周期であることも35歳頃に自覚できました。

仕事が順調で人間関係も快調時にあって転勤辞令が出た場合でも、生活リズム周期に合致するものは受け入れ、まったく新しい職場に転勤しています。

その結果、自分自身の生体リズムに適応しているため病気もせず、新しい仕事を覚え、これまでの経験を活用して人間関係を拡充し、60歳の定年時はつぎの職業に結びつき、現在、70歳後の計画を企画して準備を始めている状態です。

ライフサイクルにおける自分自身の生活リズムを知ると、躰全体の生体リズムにもとづいて加齢しながら健康をどのように整えるかの具体的な方法が自ずと解り、つらい時や迷いが生じる日々においても、明日の私に向けてたゆまず実行することができるのです。

その結果、40年間、かかりつけ歯科医への年2回の定期的な受診と職場の健康診断、3年位に一度、咽頭痛でかかりつけ内科医に1回受診する程度で、ほぼ医療とは無縁に暮らしています。

◎ この事例のように、躰の病弱や自律神経の不安定、否定的な発想が多くなって活動性が低下する時や将来の不安が大きい人ほど、できるだけ日の出・日の入りや潮の干満の太陽・月の運行による環境時計に沿った生活が大切です。また気候・環境の変化（湿度・温度・酸素濃度・排気ガスの有無）に従って、日常生活で早起きの習慣を保ち日中は太陽光をたっぷり浴びて十分活動し、夜は午後11時頃に頭寒足熱で安眠することが原則です。体内時計を正確にして生体リズムを整え、躰のささやきに気を配りながら生活リズムを調整して暮らすことが肝要であるということです。

表2　10年単位の生活リズム，66歳一人暮らしの女性の場合

0 —	10 —	20 —	30 —	40 —	50 —	60 —	・・70・・（歳）
未熟児・虚弱	大手術	高校入学	卒業・就職	帰省・就職	転勤	転勤	定年・再就職	定年予定

　いろいろな悩みや病気を持つ人は，過去を振り返って見ますと，ライフサイクルに一定のパターンがあることを自覚できます。たとえ今，何歳であっても，一人ひとりは異なりますので，一度，机に向かいライフサイクルの線を引き，来し方をじっくり振り返って書き込む内に，自分自身の生活リズムを知り，未来を拓く鍵を手に入れることができるのです。

　日記はライフサイクルに重要なヒントを教えてくれる自分史の記録です。記録を続けることで，健康状態や将来の予測や危険を予知することができるのです。日記を書くことは，認知症の予防として思考力を強める大切な方法の1つです。筆不精であっても，時には机に向かいライフサイクルの波動を見ることは大切であり，興味が湧けば自ずと記録が続いて行くに違いありません。

　さらに日記は，病気や緊急時の入院や認知症になった場合，突然の死にいたる場合，大いに役立つ大切な記録であるという自覚をもつことも大切です。

3　自分の健康状態を知ること
病気は生体リズムの乱れが原因です

◆「面倒」は老化・病気の始まりです

　だれもが加齢しつつ老化します。躰の老化が加速するかどうかは正確な体内時計に基づいて生活リズムを整え，それを司る環境時計に忠実に従って諸活動を実行しているかどうかにかかっています。認知症になっ

ても三度の食事を忘れないのは，毎日の朝・昼・夕の食事が1日3度の学習の結果であることを忘れてはならないでしょう。

たとえ毎日が日曜日の優雅な生活であっても，2足直立歩行の動物である自覚をもってゆるまずあせらず，1日の生活を勤勉に始めることが大切です。

したがって，「年だから」とか「面倒」を一挙一動に感じることがあれば，1日の生活リズムの歪みから生体リズムが不調になっているのではないかと考え，1カ月ほどの生活を振り返ってみて，どこにリズムを乱す要因があるのか何が不足しているのかを反省して，歪みを正して生活リズムに活かす必要があります。

◆ 鏡で姿勢をチェックしましょう

誰でも自分の老いを事例のように何かのきっかけで気づくことがあります。

● 事例

一人暮らしの女性（82歳，1年前に配偶者と死別）の場合

薄化粧で，おしゃれな帽子を被り，ロングキュロットを履いてショッピングカートをひきながら路上での会話です。「ロングキュロットがお似合い！おしゃれですね」とほめますと，女性は，「何年もお爺さんの介護で，鏡もろくに見ることがなかった。昔，膝下の長さであったキュロットを履くと，丈（身長）が23cmも縮んでしまい，背中も曲がってしまってこの有様ですわ」と話しながら，笑顔がすばらしいのです。

女性は，自分自身の躰全体の老い姿に気づいて以来，玄関先の廊下に立ち鏡を置いて，出かける前に，自分自身の全身を眺め，姿勢を正して，にっこり笑い，自分に挨拶をして出かけるようになったということです。それを繰り返し続けた結果，膝の痛みも消え，胃腸の調子も良くなったとのことです。

◎ このように家の安全な場所なら，どこに鏡を置いてもいいのですが，たとえば玄関先や洗面所に置いて自分自身を映し，全身を眺めて観察しながら姿勢を正し，にっこり笑顔で自分自身に挨拶することが元気の源として大切です。

だれもが，自分自身ににっこり笑顔の挨拶。そして，"背中は健康のバロメーター"[4]として姿勢を正すことが健康の基礎であるといえましょう。

♦ 呼吸・脈拍・体温・血圧・身長・体重は活動の目安です

躰の状態のバロメーターとして，バイタルサイン（vital：生命，sign：徴候の合成語：呼吸・脈拍・体温・血圧の測定で，健康や生活現象を知ることができる）を知り，そして定期的に身長と体重を測定して記録し自分の健康状態の目安にすることが，セルフケア（自己介護）の第一歩です（表3）。日常的な栄養・睡眠をはじめ，1日の活動量と活動内容を見直す意味でも重要な目安になる資料です。

表3　バイタルサインズ（成人の場合，個人差があります）

1分間の呼吸数（安静時）：15～20回 　　　　　　　　　　　　24回以上を頻呼吸　12回以下を徐呼吸とみなす
1分間の脈拍数（安静時）：60～80回 　　　　　　　　　　　　100回以上を頻脈　50回以下を徐脈とみなす
腋窩体温（安静時）　　　：36.0～37.0℃ 　　　　　　　　　　　　微熱は37.0～38.0℃　発熱は38.0℃以上 　　　　　　　　　　　　（加齢により低い傾向が見られます）

出典：関戸好子監修『完全図解 からだのしくみ全書』看護編 東陽出版，1999年，10頁。

バイタルサインは旅行へ行く際にも，酸素濃度が低い高い山や高地に出かけ，そのために認知症状が起きたりすることの予防や，緊急時に役立つ大切な記録です。

病院や医院に受診し医師に血圧測定をしてもらいますと，なぜか数値が高めに出る，いわゆる「白衣高血圧」が問題になっています。なぜ問題なのかといいますと，その数値で診断し，降圧剤の薬物療法がなされる可能性があるからです。緊張と不安いっぱいの受診者自身と家族は数値による薬物投与によって「高血圧症」と認識してしまいがちです。

その点かかりつけ内科医は受診時の血圧測定が高い数値になった場合，睡眠不足，夜間の過食ことに塩分摂取の過剰など，加齢につれてより慎重に栄養・睡眠・日中の運動バランスが求められることを予測して，最近の生活状態を聴きながら安静にさせ，15分後もう一度測定して確認してくれます。受診者も患者になる不安を抱えることもなく，睡眠や食

生活，運動不足の解消の方法を，かかりつけ内科医による直接の指導や看護師が別室で丁寧に指導してくれますので，素直に受容し行動を変えることができるのです。

血圧の正常値は図2の通りですが，個人的経験によれば塩分控えめ（1日 10g 以下）の食事に基づく規則正しい生活であれば，67歳になっても至適血圧状態を保つことができます。

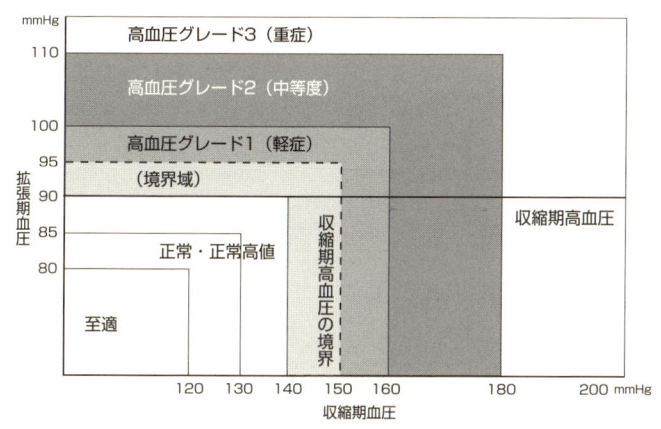

注）治療による降圧目標：糖尿病がある場合，または壮年までは135/85mmHg未満，高齢者は，149/90mmHg未満。正常値：130/85mmHg。［1999年2月改定］

図2　WHO/ISH（世界保健機関/国際血圧学会）高血圧分類
出典：第17回国際血圧学会より引用。

　太陽の運行とともに躰の活力は変動しますので，バイタルサインの測定はできれば1日のうちの安静時，ことに血圧や心臓・肝臓・腎臓疾患のある人は覚醒時か朝食前，または昼食前に行うのが一番良い方法です。自覚のない人でも同じ時間帯に，さらに高齢夫婦の場合，測定時間を決めて測定し合うのも合理的な1日の行事となります。

　毎日バイタルサインを測定するのは面倒という人は，リラックスする週末の土曜日か日曜日に定期日を設け，同じ時間帯に1回，脈拍・体温・血圧の測定をして記録します。

　また，たとえばジョギングやボランティア，旅行など，あらたな活動を始める場合もその前後に測定しておけば生体リズムを知り，ストレス

のかかり具合の目安を知ることができ、生活リズムの歪みを気づかせてくれる"マイ・ドクター"になります。

1カ月で4～5回の記録を継続できれば、自分自身の躰の健康状態が把握できますので、何事も「継続は力（財産）」と考えて実行することがセルフケアとして大切です。

記録紙として一番簡単で便利な方法は、地域の保健所、高齢福祉課、健康診断時やかかりつけ内科医にいただく「健康手帳（後述）」です。これを利用して日常的に記録することです。

健康状態の目安は、1年に1回の定期的な身長測定によって身長の低下の度合いを、そして毎月の体重測定で標準体重の維持を知って、その数値を活用することです。

バイタルサインを記録した健康手帳は、日常的に活用して病気の予防に役立て、いつも手提げバックに入れて持ち歩くことが緊急時の対応にも大切です。ことに定年直後からの1年間、または配偶者との死別・離別や子どもの独立により一人暮らしになった際は必須です。

そのためにも市町村は介護保険制度の第2号被保険者（2005年現在、40歳）になった際やホームレスの人々の食事提供時に、「健康手帳」を配布しています。それに身長・体重・血圧・体温・脈拍を記録すれば、病気の予防や診断に役立てることができます。

表4　標準体重の算出

1　BMI 22 ＝ 標準体重(kg) 　（BMIとは body mass index のことで、体重÷身長（m）÷身長から算出した体格指数である。日本肥満学会は肥満度の指標としてBMI 20から24が普通。22を平均としている）
2　筆者の経験的標準体重（kg）＝ 身長（cm）－ 100 　健康を維持するため、定期的に標準体重を計算することは、認知症の防止になります。筆者は、簡便な方法を用いています。

前述の女性のように、身長は老化により細胞内の水分減少や骨密度の変化、姿勢の歪みによって低くなります。表4の通り標準体重を算出する場合にも必要ですので、月1回の体重測定と6カ月に1回の身長測定、

または脊柱・関節に関し何らかの症状（腰・膝・肩甲骨等のだるさや痛みや環境の変化時）が出た場合は測定するよう心がけます。家庭に測定器のない場合は，定期的検診時や最寄りの保健所の健康相談を受けて測定し，「健康手帳」に記録しておくと役に立ちます。

4 あなたのカナリア，室内の植物・生花
植物が室内環境の
バロメーターになります

昔炭鉱では炭鉱員が地下の鉱脈へ降りるとき，必ず，先頭者はカナリアを入れた鳥籠を持参したといいます。人間が感知することのできない有毒ガスをカナリアは感知して異常な鳴声や行動，時には死によって示して炭鉱員に危険を知らせ命を救う役割を担っていました。

表5　所要換気量

室	換気量・回数
居間・食堂	17～30 ㎥／時間・人
寝室	10～15 ㎥／時間・人
厨房	3～8回／時間
浴室・便所	3～4回／時間
玄関・廊下	1～2回／時間

出典：阿部祥子『高齢時の住まい』一ツ橋出版，2001年，21頁。

現代社会で炭鉱内におけるカナリアの役割を果たすのは植物です。ますます環境の悪化する現代の日本，とりわけ植物や樹木の減少が著しくヒートアイランド化して浄化機能の弱体化した過密都市における植物の役割は，化学物質過敏症の増加による疾病や加齢により活動の低下する高齢者にとって，とても重要です。

マンション・一軒家・借家等の家の形態に関係なく，換気の目安に室内のカナリアの役目として，観葉植物・鉢植えの植物，生花や小鳥が果たしていることの重要さは自明のようです。

● 事例

高齢者夫婦（夫86歳・妻84歳）の場合
マンション1階の3LDKに住んでいます。故郷の田舎を思い，垣根に囲まれたベラ

ンダには四季に応じて野菜や花の鉢植えを栽培して楽しむほど夫婦は植物の世話が趣味です。旅行好きの夫婦は月に1度，2〜3日の旅行に出かけた際，いつもトイレの生花がしおれているため換気扇を回して出かけていました。しかし電気代が高くなるため，ある時，専門的介護者との雑談で，「トイレ入り口のドアの開閉溝にラップの芯を置いて扉がいつも少し開いている状態にして置くと，花は換気による酸素の流通でいつも生き生きと元気ですよ」と聞きさっそく試みますと花はいつも元気なのです（表5）。

　その後，室内の観葉植物や鉢植えの葉や花の状態を観察して見ますと，朝・夕に十分な換気をしている日は元気ですが，締め切って3日間の旅行に出て帰りますとやはり元気がないことに気づき，人間も同じであると気づいたのです。

◎ 在宅の起床時，毎食前，入浴時に窓を開けて換気をはかり，自分たちがその環境に合わせる努力，たとえば乾湿計の温度・湿度を確認して衣服や蒲団の調整をすれば，快適な環境と私たちの健康を維持することはできるのです。

　まさに，現代人にとって室内環境のカナリアの役を果たすのは，観葉植物・花鉢・生花・小鳥等であるといえましょう。

5　すべての変調は粘膜・皮膚・姿勢・気分・排泄物に出ます

変化を察知する
いくつかのサインがあります

♦ 粘膜の変調が躰ことに脳内の血流状態を現します

　躰外の粘膜の変調，ことに粘膜の色の変化は血液循環状態を映す鏡であり，それは脳内の血流状態を知る重要なサインであることを理解して，血液循環の促進に努める必要があります。

　たとえば，喫煙者の口唇は，色合いはさまざまですが，赤色（酸素が豊富）ではなく紫色（チアノーゼ：酸素不足）の人がほとんどです。知的障害のある子供や統合失調症を患う人たちにも，同じように，紫色の口唇や歯肉を見ることができます。

　「ひきこもりは，脳血流低下による慢性疲労症候群[5]」といわれますように，このような口唇や歯肉粘膜のチアノーゼは，慢性的に脳内の血液循環が低下して酸素や栄養不足状態が躰へ現れる症状であると判断し，生活リズムを整えるさまざまな工夫を実行することが，回復につながる重要な方法です。

その対策は，当事者と環境としての家庭での日常生活内容を細かく評価し，なにをどのように修正して実行するかの具体的な方策が必要です。つまり，日常生活のなかで健康になる生活の学習（Living Learning）をなによりも優先して実行することが大切です。

　しかしこれまでの日本の医療と福祉の現場では，タバコは嗜好品として扱われ，病院や施設に入院・入所するか通所で専門医や顧問医による診療のもとに，日常生活から切り離したところでの精神療法，薬物療法，作業療法等を重点に実践されてきました。家族もまた，長期入院や入所が当たり前であると容認してきた事実があります。

　近年増加している若年性認知症も，健やかに暮らすための生活の智恵不足や日常生活における生活機能の学習の軽視と生活の歪みが大きな要因であるといえましょう。

　歪みの解消には，①日常生活において日中の運動・活動量を徐々に6～8時間に増加させ，②こまめに手足を使って掃除・洗濯・買い物・料理等をする，③運動療法を取り入れた訓練としての理学療法，④日常生活機能訓練は作業療法による自炊基本の料理と食生活習慣の修正や食事内容の充実，⑤歯磨き時の入念な歯肉マッサージの重視，⑥幼児期からの定期的な歯科受診の習慣化，⑦食事時の咀嚼は30回以上を実行することや複数の人とよく喋ること等によって，血液循環の促進に努めること，等がなによりも重要です。

　粘膜のある眼には強膜（白目）と結膜があり，乳児の時は青く透明でしたが加齢につれて赤みを帯びてきます。その強膜と眼粘膜の色が成人で白いのは貧血が考えられます。貧血もまた，血液循環における低酸素状態ですので，意欲の低下やめまい，耳鳴が起きてきます。貧血を疑って受診する必要がありますが，なによりもビタミンA・Eの摂取を意識して食生活習慣を修正し，日光にあたり運動量を増やすことなどを実践することを忘れてはなりません。

　薬物療法は一時的な数値の改善に終わりがちであり病原微生物を殺すため以外は，すべて一時的なものに過ぎないことを肝に銘じなければなりません（詳細は128頁参照）。

口腔内には頬，舌，歯肉，扁桃（腺）の粘膜があります。扁桃（腺）は口や鼻から入る細菌やウイルスを排除する防御機能を果たしています。そのため，手洗い・うがいや免疫機能を強める躰作りを怠りますと，扁桃（腺）が赤みを帯び，飲み込むときに痛みを感じますと炎症の始りです。

　うがいを頻回にして，体温を測り，安静と休養が必要です。高齢者の場合，微熱であっても咳や痰をともない食欲が低下した場合は，できるだけ早くかかりつけ内科医に受診することが必要です。

　つぎに舌の状態を調べて見ましょう。舌の役目は味覚を司り食物をすくって唾液とかき混ぜ，食道へ送り，口内の掃除と発声の補助をしています。

　しかし，加齢しますと乳頭（でこぼこした形で並び味覚ごとに異なる組織）にある味蕾（味覚を感知する）組織が減少し味覚も衰えて，舌帯や口臭，口内炎が起きてくることがあります。

　口腔内粘膜の変調は，躰の変調を映す場合もありますので，症状がある場合はかかりつけ内科医に受診することが大切です（口腔ケアは後述）。

　加齢しますと薬物を服用している人も多くいます。苦い薬を飲む場合，舌が苦さを感知する部位は舌の奥に集中していますので，薬は舌先に乗せて水で一気に飲み込めば苦味を感じないで服用することができます。

　男女とも陰部にも粘膜の部分があります。とりわけ，女性の場合，膣前庭には尿道口はじめ6つ穴があり，そして尿道は4cmほどしかないため，いつも感染の危険にさらされています。

　この部位は脳内と同じく，栄養や免疫機能の低下，運動不足や栄養の過不足による血液循環の低下がもっとも敏感に影響するところです。つねに清潔にすることが大切です。同時に浴室にペタリと座ることを避けましょう。排泄後の始末は，必ず「前から後ろに拭く」ことが肛門の大腸菌はじめ雑菌による尿道炎や感染を防ぐために大切な行為です。

◆ 皮膚（主に爪）の変調が躰ことに脳内の血流状態を現します

　全身の皮膚は，躰の保護，有害物質や細菌の防御機能，汗の排泄，脂肪の分泌，体温調節，知覚を司りエネルギー源の貯蔵等の生命保持に重

要な役割を担っています。そのため3分の1以上が失われますと死にいたるほど重要な役割を果たしています。

　手足の爪は硬いたんぱく質のケラチンを成分としています。爪の白い部分は，俗に「半月」と呼ばれ，爪が角化しきっていない部分です。爪に深い縦ミゾがある場合は，神経性の栄養障害の疑いがあるといわれますように，爪のある指先は血液循環において静脈と動脈が末梢で直接入れ替わるため（動静脈吻合），手足を小まめに動かして，足のふくらはぎや手の前腕にある静脈弁（ポンプの役目）への還流を活発に促す必要があります。昔から「ひょうそ手術のできる外科医が名医」と言われている根拠（うっかりミスが敗血症を招くため）が，ここにあります。爪の色は，血液内の酸素や栄養の悪化と運動不足が爪の表情である色や形に表われているのです。さらに，脳内の血液状態もわかり，爪が赤色で艶があるほど脳内を含む躯全体の血液循環状態がよい，つまり，健康な状態であると知ることができるのです。

　また症状として，朝，寝床で目覚めた時に「こむらがえり」を起こす人がいます。下腿の筋肉（ふくらはぎ）の収縮・弛緩の繰り返しで，静脈管を流れる血液を静脈弁の開閉によって調節して逆流を防ぎながら，静脈血を心臓に送っています。「こむらがえり」はその筋肉と静脈のポンプ作用がうまく行かない場合の現象，つまりは血液循環と筋肉の栄養不良が考えられますので，かかりつけ内科医に受診して栄養状態や運動不足を解消することが大切です。

◆ 正しい姿勢が気分の変調によい影響を与えます

　2足直立歩行である人間の病気の原因は背骨にあった(6)といわれるように，背骨が正しい姿勢の良否や気分を左右する重要な健康条件になっています。

　歩き方によって使う筋肉が異なりますので，毎日，筋肉の使い方に偏りがありますと，背骨に影響し，背骨の変形や歪みは筋肉痛となるように，背骨と筋肉は相互関係にあります。さらに，背骨と中枢神経や各臓器は密接な関係にありますので，整体師は背骨の湾曲や歪みによって，

どのような病気になりやすいかを判断することができるのです（表6）。

したがって、躰のメカニズムに合致した姿勢の保持と歩行や運動、日常生活において、意識してさまざまな行動をする必要があり、とりわけ、正しい姿勢の保持は健康の基です。寝床での姿勢も仰臥位で姿勢を保持することが安眠をもたらします。

適切な指圧に効果があるのは、このような医学的知識を熟知している整体師が治療するからです。姿勢が歪むと、各臓器や中枢神経が乱れ病気になりますので、笑顔は見られなくなります。

英国では、「うつ病は今日の精神医学の生活必需品」(7)といわれて、薬物療法よりも食生活習慣をはじめ、生活リズムを正して生体リズムの回復に治療の重点が置かれています。

残念ながら、今日の日本は、うつ病が急増していますが、日常生活において意識的な正しい姿勢の保持や躰のメカニズムに合った合理的で適切な食事の摂取と安全な歩き方や十分な運動など、人間が2足直立歩行の動物として暮らすための生活の智恵が不足しています。専門家をはじめ、若者や高齢者にも「老化すれば腰は曲がる」というような誤った知識が大きく影響しているように見えます。

表6　脊髄異常と各疾患の関係

眼，耳，顔面神経痛など	頚椎1～4	下痢など	腰椎3
不眠症，神経衰弱など	頚椎1～7	月経痛	腰椎4，5
上肢の神経痛など	頚椎4～7，胸椎1	坐骨神経痛	腰椎2～5
全身不随，下肢付随	頚椎7，胸椎1	ギックリ腰，脚気，	
喘息，気管支炎，肺炎	胸椎2～6	尿毒症など	腰椎5，仙椎1
心臓，胸痛	胸椎4，5	膀胱炎，寝小便など	仙椎2，3
胃弱，胃潰瘍など	胸椎4～7	下肢の関節炎，	
肝臓，糖尿病		冷え性，捻挫	仙椎2～5
（腎臓・膵臓）など	胸椎8～10	不妊症，子宮後屈，	
腎臓，腰痛，リウマチ，		尿道炎など	仙椎2～4
動脈硬化，腹膜炎など	胸椎11，12	股の外側の神経痛	胸椎12，腰椎1
腹の神経痛	胸椎12，腰椎1		

出典：丸茂真『背中は健康のバロメーター』山手書房新社、1994年、69～71頁「千葉大学医学部河野俊彦先生により、脊椎と病気との関係は、以下の85%は医学的に確認できるといわれています」を表に改変（丹羽）

◆ 排泄物の変化に注意しましょう

　排泄物には大便と尿，汗等があります。大便と尿は同じ成分であり，黄色ないしは黄褐色ですが，できる仕組みは異なっています。

（1）大便と尿

　躰の消化器官は口から肛門まで一本の管になっています。口から食物・水分が入り食道を通過して胃内に入ると"胃・大腸反射"が起きて，ぜん動運動が始まります。大便は成人で約200gあり，食物の消化・吸収されなかった残りと腸内の細菌類，胃腸の上皮細胞の落屑（はがれ落ちたもの）と体内の余剰物質等からなっています。

　大便は直腸に送られますと"排便反射"が起きて，直腸の収縮力，腹圧と重力の力が働いて排便（10～48時間周期）が行われます。

　泌尿器の「泌」は液がしみ出ることの意味がありますように，血液中の老廃物が腎臓でろ過（たとえば，たんぱく質は，新陳代謝によって尿素に変わり，その濃度は，血液中の60倍になります。また，健康な人には，尿にブドウ糖は出ません）され，尿細管を通過しながら再吸収物質が毛細血管へ吸収され，不要物質が尿（1日約1000～1500ml）となって膀胱に貯えられ，膀胱の半量（200～300ml）貯まりますと排尿感を催して排泄されます。

　尿成分の約95％は水分であり，残りは尿素，塩分，尿酸，ウロビリン，アンモニア，マグネシウム，カリウムや腎臓の上皮細胞の落屑（はがれ落ちたもの）等です。そのため健康診断でこれらの物質の排泄状態を検査することによって，躰の諸器官の状態を診断することができるのです。

　加齢しますと薬剤を服用する機会が多くなりますが，後述のように副作用で尿閉を起こす人もあり，肝臓・腎臓への負担や副作用は強く出ますので注意が必要です。

　以上のように，消化器系において，大便として排泄するまでの中心的な働きをする肝臓，血液をろ過し，さらに，尿細管で精製して不要物質を尿として排泄するための腎臓を，昔からもっとも大切な臓器として"肝腎かなめ"と戒めているのです（87頁参照）。

（2）汗の効用

　汗の成分は99％が水分，ほかに塩分とたんぱく質成分や乳酸等です。有害な微量物質も汗とともに排泄されています。

　汗は環境の変化に反応して発汗作用（汗で湿った皮膚は，汗が蒸発する際，1g当り539カロリー[8]の体熱を奪う）によって体温を調節する重要な役割を果たしています。

　精神的に緊張した場合などには脳内の命令で発汗を促して汗を出します。汗の量は，運動量や衣服の調節，外気温によって変化しますが，真夏の日中などは2～3ℓも発汗しますので十分な水分補給が大切です。また，夏の冷房病や冬の運動不足による発汗の不十分な人は，肝臓や腎臓に負担をかけ，くすんだ皮膚や粘膜の色や悪臭の原因となりますので，適度の発汗と十分な水分補給が大切です。

注
（1）ジョン・D・パーマー著　小原孝子訳『生物時計の謎をさぐる』大月書店，2003年，31～33頁。
（2）ジョン・D・パーマー著　小原孝子訳『生物時計の謎をさぐる』大月書店，2003年，85頁。
（3）榛葉繁紀専任講師等（日本大薬学部衛生生化学）『体内時計を調節するたんぱく質が関与』毎日新聞，2005年9月9日付。
（4）丸茂真著『背中は健康のバロメーター』山手書房新社，1994年，表題。
（5）小川良一著『ひきこもり「9割が社会復帰」の新療法公開！』サンデー毎日，2003.4.20号，43頁。
（6）丸茂真著『背中は健康のバロメーター』1994年山手書房新社，第2章表題。
（7）ディングルトン病院記録保存グループ編著，丹羽國子訳『コミュニティ物語ディングルトン病院メルローズ』アリスト，2005年，37頁。
（8）高橋健一監修『完全図解　からだのしくみ全書』東洋出版，1999年，144頁。

5章 お休み前の快眠準備

ぐっすり眠るためには
いくつかの
ポイントがあります

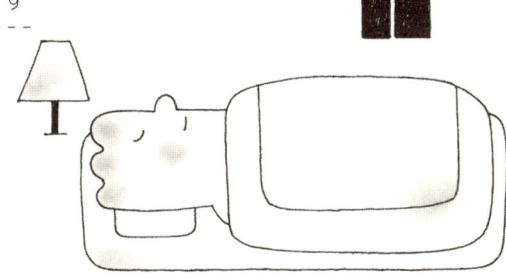

1 室内のアメニティ

体調管理と室内の
居住環境を考えてみます

◆ 室内の温度・湿度が重要です

　室内に温湿計を置いてつねに温度と湿度の調整に努めることは，体調管理に大切です。日本人の鼻は，湿度が40％以下になりますと気道の感染が起きやすくなりますので，湿度を保つことが大切です。

　とくに，寝室はカーテン等で暗くして光と音を防ぎ，乾燥時は水を入れた洗面器や植物を置くなどして湿度と温度を保ちます。しかし強い香りの生花は気温に気をつけて，ベランダ等の屋外に出し，日中との差をつけることが大切です（表1）。

◆ 和室の寝室の場合には

　蒲団の上げ下ろしは，屈伸・上下・重量挙げ等の運動の良い機会です。

表1　快適な室内の温度と湿度

季節	各室の温度（℃）				湿度（%）
	居間・食堂	寝室・台所・廊下	風呂・脱衣場	便所	
冬	18〜24	15〜21	22〜26	20〜24	30〜50
春・冬	21〜27	19〜25	24〜28	22〜26	40〜70
夏	25〜29	24〜28	26〜30	25〜29	60〜80

（注）高齢者の場合、冬は温度をやや高くしたほうが良い。

出典：一番ケ瀬康子・村田康彦ほか『家庭一般；生活をつくる』一ツ橋出版，1995，193頁。

血液循環の促進に大変有効なので，朝晩の運動の機会ととらえて面倒がらず行うことです。

晴天時は蒲団を干して日光消毒と乾燥させるのも，運動不足の解消と血液循環促進になるので安眠と感染対策につながります。

♦ ベッドの場合には

ベッドは姿勢の保持のため硬いものを使用し，ベッドの高さは一人ひとりの足底から膝までの高さが適当です。その際，ベッドに姿勢を正して起坐し，床にぴったり足が付き，曲げた膝が90度であることが重要です（45〜50cm前後：体操をする場合や将来の車いす使用時のために）。ベッド幅はセミダブル（90cm）が適切です。

理由は，図1のように快眠を得るためですし，睡眠中の十分な寝返りと保温，そしてベッドからの転倒・転落防止のためでもあります。さら

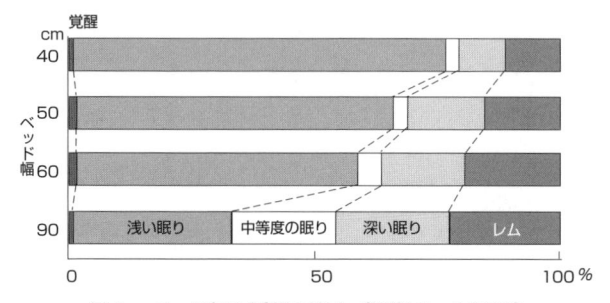

図1　ベッド幅と睡眠の深さ（梁瀬ら，1989）

出典：堀忠雄『快適睡眠のすすめ』岩波書店，2000年，217頁。

に，介護が必要になった時，介護者が体位交換やシーツ交換を円滑にできる広さを確保できるからです。

　ベッドを置く室内は調合ワックスなどで滑らない床と床暖房などの設備が望ましいです。カーペットやマットは，閉じこもりがちな高齢者は歩行時に摺り足気味となり，ヘリと床のわずかな段差につまずいて転倒や骨折の危険性があり，また，ダニや細菌・ウイルスの温床にもなるので置かないようにします。

　近年のマンションや木造家屋においては，保温を主眼において気密性を高くしたため，シックハウス症候群やカビ汚染が広がっています。大阪市立環境科学研究所の濱田信夫氏の2004年夏と2004～2005年冬の調査によりますと，「カビの種類は比較的多いのがクロカワカビと黒色酵母であり，ほぼ毎日窓を開ける家庭の平均カビ数280個に対し，めったに窓を開けない家庭は1110個と大きな差があり，また，結露しない世帯40，時々結露する世帯250，ほぼ毎日の世帯は1520」と，結露との相関関係が見られ，「浴室の目地に埃など汚れの多い家庭は平均2万2880，最高世帯は69万ものカビがいた」ことが明らかにされました。

　したがって「寝室や居間など長時間過ごす部屋ほどカビ汚染が深刻ということは，それだけアレルギー性疾患など健康への影響が懸念される」[1]と警告しています。

　感染症対策としてもこの研究をふまえて，晴天時にマットレスパットとかけ蒲団は干して日光消毒し，マットレスは立てかけ，通気をよくして湿気を取ります。この場合も，運動と血液循環の促進になる機会であると楽しんで行うことが大切です。

2　鏡の前で行うと効果的
顔と口腔のお手入れが
健康につながります

◆ お休み前の手入れは大切

　寝室を整えた後，鏡の前で丹念な歯磨きと歯肉マッサージと笑顔を作

る表情筋のマッサージ（69頁を参照）を行い，十分なうがいと洗顔をします。

　歯磨き（詳細は後述）・うがい・洗顔は，1日のホコリやアカと細菌やウイルスを除去するためですし，歯肉・表情筋のマッサージは血液循環を良くし，脳の睡眠準備となり快眠を得るためです。

　洗顔後は肌の老化防止のため，両手を使って顔・両手・両足に栄養クリーム（ビタミンA・E含有）を使用した丹念なマッサージで潤いを与えます。これはお休み前の大切な両手先の血液循環の促進でもあります。

◆ 水分補給は忘れずに

　顔のお手入れを終えた後，コップ1杯の白湯または，ろ過水道水（ガラス容器に水道水＋炭を加えて24時間以上置いたもの）を飲用し，翌日に飲むための水道水を補充しておきます。使用中の炭は，1週間に1度，煮沸消毒をして乾燥させ，再び使用します。

◆ 自分に感謝

　鏡に向かい自分自身の一日の活動に感謝します。そして明日の起床時間と予定を体内時計にセットして，"明日の自分"に申し送るのです。

3　義歯の場合に注意すること
入れ歯のお手入れには
いくつかのポイントがあります

　前述（19頁）のように，8020運動は知っていても，就労条件や環境や日常の生活リズムの歪みを修正しない場合，加齢によって歯肉が痩せ歯の脱落が起きてくるのはやむをえない現実であり，義歯を使用しなければならない事態が起きてきます。

　義歯には，部分入れ歯と総入れ歯があります。義歯の手入れは，必ず寝る前にはずして歯ブラシを使用して，一本一本の歯や部分を丁寧に清掃し，十分水洗いすることが原則です。

義歯洗浄剤を使用した場合，バイオフィルム（微生物やアカの塊）までは，洗浄できませんので，必ず歯ブラシを使用して清掃することが大切です。

いずれの場合でも，不十分な清掃は残りの歯の虫歯や歯周病や感染症の原因になりやすいので，日頃の用心が大切です。

そして義歯をはずした後，手指を使って入念な歯肉のマッサージを行いますと，血液循環を促し，唾液を分泌させ，歯肉の痩せを防ぎます。さらに，感染症予防と義歯の長持ちにもつながります。

就寝時は歯肉を休めて血液循環を促すため，義歯をはずして眠るのが基本です。はずした義歯は，乾燥によるひび割れを防ぐため，必ず義歯がゆったり入るフタ付き容器を用い，義歯が十分つかるほどの水を入れて保管します。

4 寝床で注意することは
眠りの直前に行いたい大切なことがあります

◆ 寝る姿勢と枕の高さの大切さ

正しい姿勢が健康をつくるように，睡眠時もまた，仰臥位（あお向け）に両手・両足は少し広げた正しい姿勢を保って眠ることが大切です。背中を真直ぐに伸ばすことは，人間工学的にもリラックスでき疲れを防ぐ姿勢ですし，躰の諸臓器に負担をかけない点でも有益な体位です。

だれでも長年，重い脳を鼻中核で支えて歩いているので，加齢につれて鼻中隔湾曲症になっていびきをかく人が多くなります。そのため枕の高さは睡眠中の安全な呼吸を考え，後部後屈位（蘇生体位：できるだけ鼻と気道を平衡にする）になるように整えて，無呼吸症候群を防止し脳内への血液循環を助けることが必要です。

◆ 寝床での体操は効果的

つぎのような体操は快眠を得るために効果的です。
脊柱・腰痛体操：枕をはずして，両手を平衡に伸ばし，両足先を揃えて

15〜30度あげ，好きな歌の一番を歌いながら脊柱を伸ばし，腹筋を強めます。

腹式呼吸10回：口を閉じ，鼻から深く息を吸って腹をしっかり膨らませ，肛門を開いて1秒間停止します。口を閉じたまま，鼻から一気に空気を吐きながら，肛門を絞めます。女性は，同時に膣も絞めます。これは，脳への血液循環を促し，安眠と肺炎予防，肛門括約筋や膣口の弾力を高めて失禁防止に効果があります。

両手・両足のニギニギ体操10回：力を入れ，ゆっくりと両足指の屈伸と両手指の開閉を繰り返します。これは血液循環を促して局所の体温を上げ，脳や心肺への血液循環を助け，安眠をもたらします。

◆ 寝床での乳房検診

女性の場合，年齢に関係なく月に一回，寝床で枕をはずした仰臥位で，乳房チェックをします。

胸を広げ，片手の掌で，乳房全体に円を描くように押さえて，しこりの有無（がんのしこりは無痛性）を見ます。乳がんの早期発見に一番良い自己検診方法です。また，夫に手伝ってもらい，検診をしてもらうのもスキンシップの機会になり，よい方法です。

◆ 躰と寝床の頭寒足熱

躰と寝床の頭寒足熱は，安眠の大切な方法です。首から両肩・手足までの空気を遮断して保温に努めることが重要です。そして，頭部は冷やし，胸部も空気は遮断しますが温めることはしないで，脳や心肺の血流量を低く安定させることが大切です。

そのため腰（腹部）からつま先までは温かいほどよいのです。腰部または臍部の下着の上に低温火傷に注意してホカロンを貼ることや，5本指靴下を履き，湯たんぽを置くのがよい方法です。できるだけ保温して血液循環を促すことが，なによりも肝腎です。

蒲団については，かけ蒲団は薄くして躰への負担を軽くします。そのため，敷き蒲団は適度な硬さをもたせて厚くし保温するようにします。

高齢になりますと電気毛布を使用する人も多いのですが，電気掛け毛布は蒲団内の乾燥を促し，口・鼻から気道への感染をまねいたり心臓に負担をかけたりするため好ましくありません。
　それに比べて電気敷毛布は，腹部と末梢の血液循環を促します。心臓に負担をかけないように腰部からつま先を超えて十分余裕を残して使用しますと健康と安眠にとって有益なのです。
　できるだけ毎日，5本指靴下を履いて眠ることが健康に有益です。夏・冬ともに両足の体温低下による血液循環不良を改善し，しかも白癬（水虫）の予防になり，結果的に安眠を保つことができるからです。
　室内の湿度が低い時（30%以下，ことに冬期）は，マスクを掛けて眠ることも安眠と感染症予防に大切です。
　加齢して熟睡ができにくいという人は，両手に手袋をして眠れば，血液循環を助けて安眠につながります。
　高齢者のなかに，「足がほてるから」と5本指靴下を履くことを嫌がる人がいます。これはしもやけ状態の血液循環不良のサインです。むしろ，はじめは我慢してでも5本指靴下を常用しますと，血液循環不良が改善され，安眠効果を得ることができます。

◆ 夜間の排尿について

　加齢しますと，夜間に数回，排尿に起きる人がいます。これまでに述べた日中の活動量と夕食の時間と量を見直し，安眠のための寝室の環境と保温の仕方を改善する必要があります。その結果，夜間の排尿が治り，熟睡できることが多いのです。
　しかし，いろいろ工夫しても改善しない場合は，腎臓に負担がかかる内臓諸器官の障害や男性の場合は前立腺肥大なども考えられますので，まずはかかりつけの内科医に相談することが大切です。

注
（1）濱田信夫「結露『カビの元凶』証明」大道寺峰子記，毎日新聞，2006年2月6日。

6章 目覚めのウォーミングアップ

目覚めたとき
忘れずに行いたい大切
な習慣があります

1 早起きの習慣は季節に応じて調整

起床時のウォーミングアップは
なぜ必要なのでしょうか

◆ 体内時計と目覚めのこと

　人間の生体リズムと生活リズムは，3つの時計（体内時計・環境時計・機械時計）に影響され，各リズムの快調度は相互に作用し合って整えられていることを述べました。

　朝の目覚めは生体リズムの快調度を測る物差しです。前夜にセットした体内時計の目覚まし時間と一致していれば，躰は健康であるといえましょう。そして，生活リズムの快調度とも一致している人が社会的にも健康であるといえるのです。

　生体リズムが順調な人は，細菌・ウイルスに感染しても発病する前に，たとえば，躰全身の皮膚に風を感じるような違和感を覚えます。これは感冒の前兆ですので，薬液（3％イソジン液）を加えた水で十分なうが

いをして，保温に気をつけ，ショウガ湯（温野菜は躰を温めます）を飲み，明日の起床時間を体内時計にセットし，とくに発汗を促すように気をつけて，早い就寝をします。つぎの朝，起床時間のセット通り，すっきり目覚めれば，発症の危機を脱したといえましょう。普段から手洗いとうがいを頻回にして用心していますと，感染症対策となって健康に過ごすことができます。

夏は早い日の出，冬は遅い日の出のように，運行する環境時計の変化に応じて起床時間を変化させ，体内時計をセットすることが体調管理には大切なことです。そして，夜が短い夏は，必ず昼寝の時間を取って睡眠不足を補い，体力維持に心がけ，冬は日の出の時間まで眠りますと1日の睡眠を整え，健やかに過ごすことができます。

♦ 寝床でのウオーミングアップ

前述（37頁）のように，生体リズムでは明け方から午前7時にかけてが血圧の変動やさまざまな発作，最悪の場合は死にいたることもある"魔の時間帯"です。

したがって，すっきり目覚め，"元気で大丈夫"と思っても，いきなりガバッと起きないことが肝要です。

まず時間通り目覚めたことに感謝します。そして腹式呼吸10回と両手・両足のニギニギ体操10回を行います。最後に，枕をはずして両足を揃えて15〜30度あげ，好きな歌一番を歌って脊柱・腰痛体操をします。この過程で血液循環が活性化して躰のバランスが整いますので，ベッドからすっきりした気分で起きあがることができるのです。

♦ 換気して室内の空気を清浄にします

夜間，締め切り状態であった室内を換気することは，朝の大切な仕事の1つです。

窓や扉を開け放ち，新鮮な空気と入れ替えます。冬期は寒いからと換気を怠り，閉めたままにしておきますと湿度も上がり，細菌やウイルスばかりではなく，ダニや白癬菌を増殖させて感染しやすくなります。よ

どんだ空気は血液循環にも悪影響を与えますので，日課として，外気の清浄な朝の時間に寝室をはじめ各部屋を換気することが必須の作業です。

また，カーテンは細菌やウイルスの住まいですので，定期的に洗濯と日光消毒をする必要があります。どちらの仕事も両手両足を使って，継続的に運動する機会ですので，面倒がらず実行することが大切です。

◆ 朝の健康チェック，鏡の自分に笑顔で挨拶

最初に，鏡の自分ににっこり笑顔で快眠の感謝と挨拶をします。今日1日の予定を連想し，チェックして脳の活性化を図るのです。

つぎに鏡に映った顔・手足と腹の張り具合から，①顔色は（良い・悪い），②顔の表情（眉間にしわ，笑いしわ），③むくみは（顔・まぶた・手・足のむくみ），④眼の充血と結膜の色，⑤口腔内の扁桃・舌の色と舌帯の有無，⑥口唇と歯肉の色は，⑦手足の爪の色，を確認します。

眼の充血，顔色，口唇や歯肉の色の悪さは，血液循環不良による酸素不足ですので，快眠できたかどうかの判断材料でもあります。短時間でも，快眠で十分な血液酸素が躰全身に行き渡っていれば，口唇や手足の爪の色は良い状態です。慢性的に朝起きにくく，口唇・歯肉・爪の色の悪い人は，かかりつけ内科医に受診することが必要です。

顔やまぶたのむくみは，前日に塩分を摂り過ぎた可能性が高いのです。朝食時にいつもよりカリウムの多い果物や野菜を摂取するように工夫します。そして，腰から下肢・足の保温に留意します。そうすれば，利尿効果で排尿が多くなってむくみが取れます。

しかし，つぎの朝も顔にむくみがあれば腎臓が弱っている場合が考えられますので，早めにかかりつけの内科医に受診する必要があります。高齢者の足のむくみは，外気の清浄な朝の時間に血液循環障害や心臓疾患が疑われますので，この場合もかかりつけの内科医に受診することです。

2 口腔ケアはとても重要です

口腔内の血液の流れを良好に
保つことが大切な理由を考えてみます

◆病は口から入ってきます

　人間の躰は住む環境により，つねにさまざまな病気になる機会にさらされています。ことに，加齢による老化の進行は免疫力を弱め，日和見感染（健康な人には無害な弱毒微生物や非病原微生物に感染して発症することをいいます）による病気も起きやすくなります。

　多くの病気は口から原因菌が入り，加齢しますと誤飲による肺炎にもなりやすいのです（図１）。

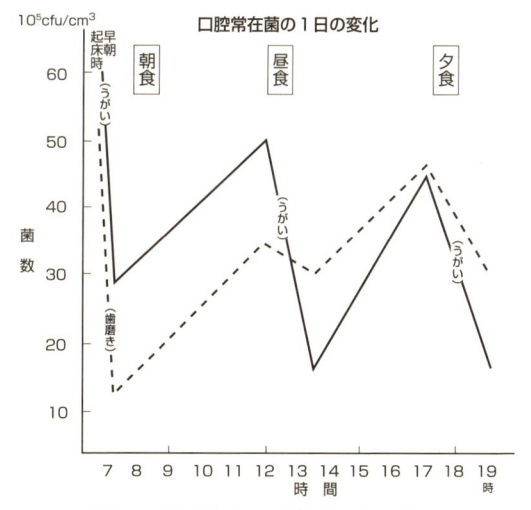

図１　「うがい」と「歯磨き」の効用

出典：施設口腔保健研究会・日本口腔疾患研究所監修　村上秀一「お茶の効用」
『口腔ケアQ&A』中央法規出版，1996年。

　そして，歯周病菌が血液に入りますと，心臓の血管に炎症を起こすこともあるのです。したがって病原微生物の第一関門は，口腔ケアの良否にかかっているといっても過言ではありません。「口腔ケア不良がもたらす全身疾患」[1]を専門家は強調しています。

どんなに健やかに加齢しても，生物としての成熟を終えた人間は，程度の差はありますが老化現象を受け容れて生きなければなりません。
　起床時，就床前，毎食後と物を食べた後，直ちに"歯磨き"し，そして"行為前・後の手洗いとうがい"の習慣化を必須とし，"狎れるな慣れろ"を肝に銘じて実行することが，なによりの感染防止対策です。
　そしてその行為はつねに手先の運動を伴い，血液循環改善と免疫機能強化，脳の活性化にも役立つ運動であることを忘れてはならないでしょう。
　加齢しますと食事時に誤って頬を噛んでしまうことがあります。そんな場合や歯磨きの時に出血をした場合は，3％イソジン（消毒液）を入れた希釈液でうがいを行うと，口腔内の消毒と2次感染の防止になります。

◆ **口唇・歯肉・舌・口腔内を観察しましょう**

　毎朝，鏡で口唇・口内の状態を隅々まで観るのは，これまでの栄養の偏り，運動不足による血液循環の不良や免疫機能の低下の現れを判断し，生活リズムの修正につながる大切な1日の始まりとなるからです。
　すべての症状のはじめは，一番敏感な粘膜，とりわけ口角や口腔内に現れます。
　口角に亀裂ができやすい，口唇にひび割れができる等は，ビタミンA, E, Cの不足ですので，緑色野菜や赤い色の野菜・果物，青色・赤身魚や豚肉・皮付き鶏肉を摂り，ミネラル不足対策としての海藻類等を多く摂るように努めます。手足・陰部のかさかさの場合も，同じように食物摂取に気をつかい，ビタミンA, Eを含む栄養クリームの塗布も大切です。
　口内炎の場合は，栄養や運動，睡眠の不足が重なったための血液循環不良や免疫機能の低下が考えられますので，睡眠と栄養を十分にとり，日中の運動やストレス解消のため気分転換をします。口内炎は2次感染につながりますので，寝る前・起床時・毎食後の歯磨き・3％イソジン液入りうがいを頻回にして，口腔ケアの強化をはかることが大切です。
　口臭には，生理的口臭と病的口臭があります。生理的口臭は，臭いの

原因となる口腔内の微生物が食物残渣を分解して出すガス（揮発性硫化化合物）によることが多いのです。それは、唾液の分泌が低下して"ドライマウス"の状態になるからです。

　加齢して，閉じこもりがちになり，対人関係が少なく，ほとんど会話のないことや柔らかい食物中心でよく噛まない場合，さらに夜間に口を開けて眠った朝など，口腔内の自浄作用機能が低下している時に起きます。

　したがって，食事は一口30回噛んで唾液を出す，外出して出会う人ごとに，にっこり笑顔で挨拶しておしゃべりする，散歩をして木々や花々に話しかける，夜間はマスクをして眠る，などできるだけ唾液を出して口内をうるおし，除菌するように努めることをお勧めします。

　また，するめ・切り昆布，ガムを噛むことも良い方法です。室内でTVを見ている時も，手の指先で歯肉マッサージをし，血液循環と唾液の分泌を促すことが大切です。唾液は胃腸の消化機能を助け，血液循環の改善を図る働きの他に，プロスタグランジン（生理活性物質）の分泌を助けるなど，脳の活性化に大変重要な役割を担っていますので，認知症予防の面でも重要です。

　病的口臭には虫歯や歯周病，胃腸の病気が隠されていますので，生理的口臭の対策をしても改善しない場合は，かかりつけの内科医と歯科医を受診することが大切です。

　歯磨き粉の臭いや歯磨き中にむかつきがある場合は，胃腸に変調がありますので，緑茶の飲み過ぎや夜遅くまでの飲食がないのであれば，かかりつけの内科医に受診したほうが良いでしょう。

◆ 鏡を見ながら歯磨き・指での歯肉マッサージ

　口腔内の観察をすることは，口腔内の状態を調べるばかりではなく，唾液を分泌する機会でもあります。唾液を飲み込み，歯磨きを開始しますが，なによりも先に，"もし微生物ならどこが棲みやすいか"と考える必要があります。

　口腔内の変化，とりわけ高齢者の歯と歯肉組織は，幼児から噛み続け

てきたことで咬耗（嚙む部位の平坦化）し，エナメル質(2)も薄くなり象牙質まで消耗しています。嚙むこと以外に，歯の磨き方も大きく影響しています。エナメル質の磨き過ぎや歯ブラシの毛の幅や長さが合っていないことによるエナメル質の消耗の結果，くさび状欠損で象牙質が露出し，また，象牙質は歯肉の栄養不良により痩せてきますので，さらに露出することになり，いっそう磨き過ぎの磨耗と咬耗が進みます。

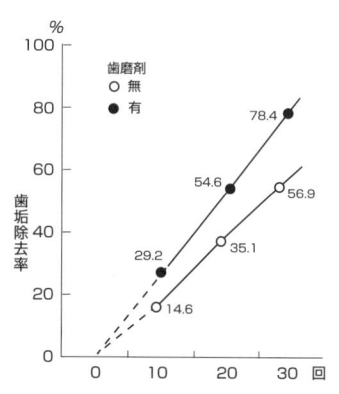

図2　歯磨剤の使用の有無と刷掃回数ごとの歯垢除去率

出典：栗山純雄ほか「歯ブラシ植毛部の状態による歯垢除去効果について第3報」
『小児歯科学雑誌24』，1986年。

　そして，歯肉と歯の栄養を司る歯髄組織の血管は，動脈と静脈および平滑筋のない毛細血管と，その後に神経が走行しています。血管と神経は歯髄腔内と歯根膜（靭帯）の間を縦横に走って，歯槽骨の栄養も司っています。

　歯肉の痩せを防ぐには，毛細血管が十分機能しているかどうかにかかっていることを十分認識して，血液内の十分な栄養状態を保持します。血液が満遍なく行き渡るように，一口30回以上良く嚙んで歯肉を刺激し，正しい方法でブラッシングを行い，むし歯や感染の原因になる歯垢（食べたカスの沈殿物）と歯石（プラーク：歯垢に唾液中のカルシウム成分が沈着したもの）の除去を確実に実行することが，歯の健康，ひいては全身の健康に最も大切な日々の勤めです。

　口腔内の自浄作用（唾液や舌・頬の働き）で，食べ物の多くは取り除

かれますが，それでもカス（主に糖質）が残り，口腔内の細菌の住みかと栄養になって細菌が繁殖し，細菌の分泌物と糖質の食べカスが混合して歯垢をつくります。細菌の分泌物にはエナメル質や象牙質を溶かす酸（ガス）など毒素が含まれ，むし歯や歯周病の原因になります。歯垢1 ml 中に20億以上の細菌が住んでいるともいわれています(3)。

微生物の棲みやすい部位は，①口唇と歯肉の間（口腔前庭部），②歯と歯の間（歯間），③奥歯と口蓋の間，④舌です。

そのため，歯垢を取り除くことを第一のポイントにして，起床時，毎食後と物を食べた直後，就床前は必ず歯磨きをすることと，"一行為前・後の手洗いとうがい"の習慣化が必須です。

表1　歯に良い食べ物・悪い食べ物

酸ができやすい食べ物
チョコレート，キャラメル，アイスクリームなど菓子類
酸ができにくい食べ物
りんご，キュウリ，キャベツ，ピーマン，クラッカーなど

出典：関戸好子監修『完全図解からだのしくみ全書看護編』東陽出版，1999年，73・96頁より改変。

外出中の食事時は，食事はゆっくり十分嚙んでいただくこと，最後に歯の洗浄のため，漬物を良く嚙みながらお茶をいただくことが大切です。食後は周囲を気遣い，片手を口に当て，もう一方の手で爪楊枝を使用して，歯間の食物残渣を取り除き，最後にお茶をいただくと，より効果的です。洗面所で十分なうがいをすることも，口腔内常在菌を減らす効果があることが実証されています。

外出の多い人は，いつもバッグに歯磨きセットを準備し，食後に洗面所で歯磨きを実行することが，口から入る感染症予防の点からおすすめです。

幼児期から定期的に受診する歯科医を持ち，正しい磨き方をマスターすることが肝腎ですが，加齢しても気づいた時から，鏡を見ながら歯ブラシや歯間ブラシで確実に歯垢を搔き出してしまうことが重要です。

図2・3のように歯磨き剤を用いますと水だけの場合より20～30%歯垢除去率に差がありますので，歯磨き剤，歯ブラシ，舌ブラシ，歯間ブラシ，デンタルフロスや手の指を使い分けて，微生物の住みやすい部位はとくに注意して鏡を見ながら，丁寧に一本一本歯の裏と表を磨き，

丹念に清掃することが大切です。

歯肉マッサージは，柔らかい歯ブラシか水洗した手の指を使い，しっかり行うことが大切です。その間に口内の状態を観察して，口内炎や扁桃の発赤の有無や歯肉の腫れ等をチェックします。

ブラッシング後のプラーク減少率

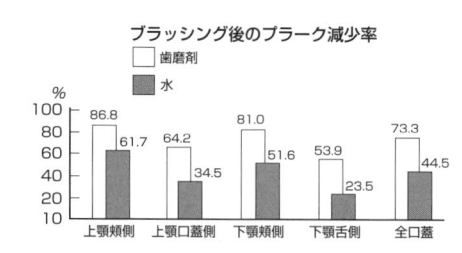

	上顎頬側	上顎口蓋側	下顎頬側	下顎舌側	全口蓋
歯磨剤	86.8	64.2	81.0	53.9	73.3
水	61.7	34.5	51.6	23.5	44.5

図3　歯磨剤による口腔内各部の歯垢除去の効率化
出典：Lobene,R.R.et al.「歯磨剤または水使用による歯磨きの歯垢除去効果」『歯科衛生士12』1988年。

あまり長く磨いていますと，唾液が流れ出してもったいないので，十分うがいを行って口内を清潔にし，手指で歯肉のマッサージを繰り返すことが有効です。その際の唾液は飲み込み常備のろ過水道水をコップ1杯飲用します。

ブラッシングをすることで歯垢の除去率は高まり，歯肉のマッサージで毛細血管の血液循環を促進できますが，同時に気をつけなければならないことは，毎日の食習慣です。菓子類・糖分の強いジュース類をさけ，果物や野菜類・たんぱく質を中心としたバランスの良い栄養補給をすることです。

チアノーゼのある歯肉（歯周病の重症）の場合，マッサージだけで血液循環を改善することは不可能です。喫煙している場合は止めることです。そして毎食たっぷりの野菜・果物，海藻類でミネラル・ビタミンを取り，十分な運動や快適な睡眠によって躰全身の血液循環を促進する必要があります。

少なくとも年2回はかかりつけの歯科医に受診し，口腔内の定期的検診と，取り除くことのできなかった歯垢が沈殿し，変化した歯石を除去してもらうのが賢明な方法です。そして，歯科衛生士から，一人ひとり

の口腔状態や歯列に応じたより良い磨き方の指導を受け，鏡を見ながら実行することが，もっとも良い方法です。

　筆者のかかりつけ歯科医によりますと，50代以下の人の歯周病が増加しているとのことです。どんなに加齢してもできるかぎり中高年時代と同様の食べ物を食べ続け，良く嚙んで十分な栄養補給と運動を実行することが，歯をはじめ躰全体の健康の維持に必要不可欠です。まさに，「口から始まるQOL」(4)は，一人ひとりの自覚と実行にかかっていると言えるでしょう。

　義歯のはめ方ですが，総入れ歯の場合，コップから義歯を取り出し，水洗してから，鏡に向かって両手ではめるのが基本です。

　部分入れ歯の場合，入れ方に注意する必要があります。その際，クラスプのかかる歯をしっかり見定めて，両手を使い左右平行に入れるのが正しい方法です。同時に，部分入れ歯の場合は，はずした後の歯と歯肉をしっかり磨き，歯肉マッサージを丹念に行うことが，歯肉の血液循環を良くし，歯肉の痩せと感染を防止して，義歯を長持ちさせるコツです。

3　顔とお肌をケアすると大変快適です

心の笑顔を保つことが
大切なのです

◆ 口唇・笑顔トレーニング・洗眼

　男女を問わず，だれもが老化によるしわは気になることの1つです。

　若い男性の化粧をキザと考えずに大いに見習って年がいもなくと言わずに化粧し，顔のしわを美しい笑いじわに保つことは，若さを保つ秘訣ですし，健やかな生活を送る大切なトレーニングでもあります。

　十分に手洗いした後，鏡の目覚めの顔に向かって，小学校時代の音楽の時間を思い出し，できれば声を出して，口唇と表情筋のトレーニングを行います。

　まず，ゆっくり「アー」と口を開け，前頭筋（おでこ）・眼輪筋・頬骨筋・口輪筋・咬筋を伸ばします。つぎに両口角を上げるようにして「エー」

と言います。ついで上下の歯を合わせて「イー」。さらに、「オー」と唇を尖らせて口をすぼめます。最後に「ウー」を言って、これらの動作を3〜5回繰り返します。

その後、眼輪筋の運動として、軽く両眼を閉じ、ゆっくりと両目を硬く閉じていき、止めます。2〜3秒後、戻して、両眼を見開いて、鏡を見つめます。これも3〜5回繰り返します。

もう一度、手洗いの後片眼をつむり、片眼は開けたまま、同じ側の片手で水をすくって、2〜3回眼を洗浄します。手を変えて、反対の眼を同じように洗浄します。

これは、両眼と眼輪筋のマッサージであり、眼の血液循環を促し、目覚めの促進と眼精疲労の回復にも有効な方法です。また、眼の強膜（白目の部分）が日光の下で視て黄色いのは、黄疸の可能性がありますので、尿の色（後述）を確認します。早朝の尿が気になる人は、紙コップに尿を採取して持参し、かかりつけの内科医に相談することが必要です。

◆ 肌の観察・洗顔・整髪・化粧とほのかな香り

いくつになっても、自分自身と他者への配慮として、装いは大切です。洗顔時に、両手であてた石鹸の泡の肌への滑り具合で、体調の良否が判断できます。良く泡が立ち滑るような肌なら健康で安心です。肌にあてた石鹸の泡の滑りが悪ければ、便秘が無いか、睡眠は十分か、心配事はないかと振り返って、改善する必要があります。

体臭や口臭は、自分で気づかなくても他者は敏感です。老いてはつらつ、ほのかに香るような装いになるように心がけて、自分に合った方法で「化粧をし、髪を整えて、ほのかな香り（好みの香水）をまとう」ことは、老いの美しさと人間関係を保つ大切な社会的健康です。

◆ 室内の植木・生花に水やりと挨拶

各室内の植木や生花、戸外に出してあったグリーンに水の取替えや水やりをしながら朝の挨拶をし、お互いの健康を愛でることは相互に有益な方法です。いつも植木や生花が元気であれば、室内のカナリア（環境

を警告するもの）である植物の換気が行き届いていることの証だからです。

その際，鼻歌が出れば生体リズムは快調ですし，生活リズムも順調で活動や外出が容易になり，1日を快適に過ごすことができます。

◆ **室外での柔軟体操と眼の鍛錬**

一人でできる確実な方法は，午前6時30分のNHKラジオ第2放送の"ラジオ体操"を活用することです。できましたら家族とともに，また，ご近所の人たちと誘い合って公園等で行うのも元気の源になります。

庭かベランダに出て，1日の始まりの体操をします。終わったら，その場で大きく両眼を開けて，できるだけ遠く，または，できるかぎり高い空を視ます。そして，ゆっくり眼を閉じることを繰り返して視力を保つ眼体操をします。

注
(1) 大田仁史・三好春樹監修『完全図解 新しい介護』KODANSYA，2003年，92頁。
(2) 関戸好子監修『完全図解 からだのしくみ全書看護編』東陽出版，1999年，97頁。
(3) 高橋健一監修著『完全図解からだのしくみ全書病気編』東陽出版，1999年，69頁。
(4) 施設口腔保健研究会／日本口腔疾患研究所監修『口腔ケアQ&A 口から始まるクオリティ・オブ・ライフ』中央法規出版，1996年。

7章 7・5・3の食生活で認知症予防

健康に結びつく
食習慣の
ポイントはこれです

1 食事は細胞のエネルギー源です

お料理をすることが効果的な
運動だって知ってましたか

　老化により，すべての細胞の弾力性が低下します。そのため細胞の活動源である食事には細心の注意と関心をもって，基本に忠実でバランスの取れた適正エネルギー量の摂取が必要です。それが認知症や骨折などを予防し，健やかな暮らしを作る鍵になります。

　老年医学の専門家は，高齢者で低栄養をきたすリスクを表1の通りに示しています。

　たとえどんなに高齢になっても，家族や周りの応援があっても，自分の躰に応じてできるだけ「自炊」をすることが健やかに暮らす基本です。

　「自炊」は両手・両足と頭脳を使い，しっかり調理して，自分に合った食事を生み出す行為です。その一連の動作は，末梢の血液循環と"りんごの皮むきで脳が活性化"[1]と言われるように，脳への血流促進の運動

となり躰の活性化に役立ち，認知症の予防にもっとも大切な行為です。朝・昼・夕の大変重要な運動の機会でもあります。

表1　高齢者で低栄養をきたすリスク

生活環境：	独居，死別，うつ状態，経済的問題
食事関連：	食欲低下，摂取障害（義歯不調など），嚥下障害，誤嚥
身体状態：	脳血管障害，痴呆，認知機能障害，胃腸障害，感染症など
医原的要因：	多種・多剤服用，副作用，薬物相互作用，過度の食事制限など

出典：荻原俊男編集『老年医学』朝倉書店，2003年，31頁。

　日常的作業を面倒がらず，暮らしのなかで，健康の自主管理をする際，家庭の財政問題も含めて，自分自身と周りの環境との関係においても料理を工夫する一つひとつの行動が，大量のエネルギーを消費する大切な運動であることを自覚しなければなりません。

　朝のウォーミングアップでリラックスしてから，昨夜から準備していた料理内容を復誦し，手早く行うことです。

　早朝（5～7時）のラジオは，健康から国際問題まで，実に有益な内容ばかりです。聴きながら，あるいは鼻歌を歌いながら，楽しんで朝食の準備をしましょう。

2　冷凍・冷蔵庫と保存食を活用しましょう

保存食をうまく使えると
とても合理的に時間管理できます

◆ 冷凍・冷蔵庫の活用と保存食

　冷凍・冷蔵庫は次のように使用すれば，食品衛生上，安全で安心した管理ができます。

　冷凍庫に保存する食品は，長期保存食（たとえば，砂出しアサリ，納豆，煮魚，たれつきうなぎ，豆腐，油揚げ，洗ったブルーベリー，サイの目切の果物や野菜，フローズンヨーグルト等）です。

　冷暗所または軒下（ベランダ）には，常時イモ類（サツマイモ，ジャ

ガイモ，里芋，かぼちゃ），玉葱，干し野菜，果物等を旬で安い時に買い置きして，吊して風を通しておくと便利で長持ちします。

前述のように（9頁）ビタミンを大量摂取するには，つねに，旬の果物を買い置くことも大切です。同時に，「1日1個のりんごは，医者を遠ざける」の諺にもあるように，りんご，バナナ，レモン等を腸内細菌の餌として，加えてジャムと蜂蜜は常備すると健康維持に役立ちます。

表2　保管の原則

① 有効期限を確認し，ラベルの日付と名前を前面にして置く
② 並べ方は，扉の開け口中心に，左右の並べ方を統一する。そして「奥入れ，前出し」とする
　積む時は，「下入れ，上出し」を実行
③ 冷蔵庫の扉を利用し，カレンダーに庫内の有効期限を記録する（同居者のいる場合，連携による買い物の重複を防ぐため）
④ 庫内は，棚によって置く品物を統一する
⑤ 定期的に冷凍・冷蔵庫内の清掃・消毒をする（消毒用エタノール使用）

出典：丹羽國子『専門的介護支援』アリスト，2003年，55頁より抜粋。

さらに筆者が30年来，健康を維持する秘訣としてお勧めする保存食品は自家製の「果実酒」です。

35％のホワイトリカー1.8ℓに氷砂糖または黒砂糖250g及び季節毎の旬の柚子，金柑，酢橘，アロエ，にんにく，カリン等を300g位ガラス瓶に漬け，冷暗所に3カ月保存します。

出来上がった果実酒は，「料理酒」として，酒＋みりん＋砂糖の代わりになる大変便利な食品です。香りが良く，だしの素も不要です。しょう油も少なくて済み，減塩になるので，毎調理時に活用することができます。また，果実酒は，なによりも豊富なビタミンやミネラルと少々のアルコールを摂ることができますので，ビタミン・ミネラル不足解消を助け，血液循環を促進します。高齢になるほど，健康に良い調味料として大変有益です。

3 前日の準備調理について
一日先を読むことで効果的な
クッキングライフを実現できます

　買い物は，つぎの日の献立も考えて買いましょう。そして，翌朝の準備を前夜のうちに整えておくことは起きてから気持ちよく調理をするための最初の一歩です。また，一人暮らしや高齢夫婦の場合，冷凍・冷蔵庫を活用することは有益です。

　ミネラルを豊富に摂るには，海藻をたくさん食べることです。味噌汁の具にワカメや味付け海苔，ひじきの煮物などを食べる機会を増やします。さらに，バラエティ豊かな食事にしたい場合は，だし昆布を1～2cmの角切りにして容器に保存しておきます。それを一つまみ一晩かけて水で戻します。朝，切ったかぼちゃ，またはサツマイモやジャガイモをゴマ油かオリーブオイルでさっと炒め，だし昆布のひたし汁と果実酒を加えて煮ます。最後に色づけ程度にしょう油を入れますと一品出来上がります。このように，前夜のうちにおひたしや味噌汁用の野菜などは，十分洗ってまな板にのせて置き，イモ類もまな板の上にむいておくと便利でしょう。干し野菜は戻すために水に浸しておきます。

　どんなに寒い朝でも，目の前に並んでいるぴんと勢いの増した元気な野菜を見ますと，「今日も1日よろしく」と挨拶が自然にこぼれ，調理が進みます。米は五穀米を加えるとか玄米にするというように，白米を避けるようにしますと，さまざまな微量元素も摂取できます。また，黒豆・小豆などの豆類は水洗いして，たっぷりの量の水で沸騰させて一晩おきます。翌朝，茹で豆は汁とともに米に混ぜて炊きますと，たんぱく質を加えて摂る機会になります。

　さらに，冷凍の納豆・豆腐・油揚げを，夏は冷蔵庫へ，冬は調理台に出しておきますと自然解凍ができます。

　準備不足は，朝のやる気を萎えさせ，1日の生活リズムを崩しやすくなりますので，かならず，前日の準備は怠らないようにしましょう。

4 加齢と調理の工夫

年齢に応じてカロリーのコントロールを
することはむずかしくありません

　1日の総カロリーは、"個人差"を考え、身長に応じた適正体重による適正エネルギー量（表3参照）を算出します。

表3　1日の適正エネルギー量

適正体重＝身長 (m)×身長 (m)×22；(例) 150cmの人は＝1.5×1.5×22＝49.5kg
適正エネルギー量＝適正体重×25～30（軽い仕事）≒ 1240Kcal～1490Kcal
（体重49.5kg　　　＝適正体重×30～35（中程度の仕事）≒ 1490Kcal～1740Kcal
の場合）　　　　＝適正体重×35以上（重労働の仕事）≒ 1740Kcal以上

出典：石川恭三監修『ライフスタイル改造計画』東京法規出版、2004年、8頁。

　そして、だれもが図1を目安に、赤・緑・黒・白・黄色のバランスを考えてバラエティ豊かな食品を摂り、とくに加齢するほど赤い食物（人参・トマト・スイカ、カツオ等）を毎日摂るように工夫して調理をすれば健康を維持できます。

　食事には毎回、必ず野菜と果物またはジャム・蜂蜜を食べましょう。図1、2のように、野菜は1日300g以上（厚生労働省は目標値350g以上を推薦）を摂りましょう。

　「ムダ・ムリ・ムラ」のないよう、水・電気・ガスの節約と同じように、習慣的に捨ててしまう食物を節約することは、経済的にも大切なことです。

　たとえば、大根の茹で汁は、あくを取り除き味噌汁に使用すれば、ジアスターゼやビタミンを補うことができます。

　調理の手順を考えて、ご飯を炊き、味噌汁の具は海藻・豆腐・油揚げ・きのこ1～2種の旬の野菜と煮干や小魚、そして果実酒を少量入れます。冬期は牡蠣を1人2粒入れますと、一品増えて味も良く、たんぱく質・ミネラルをたっぷり摂れます。

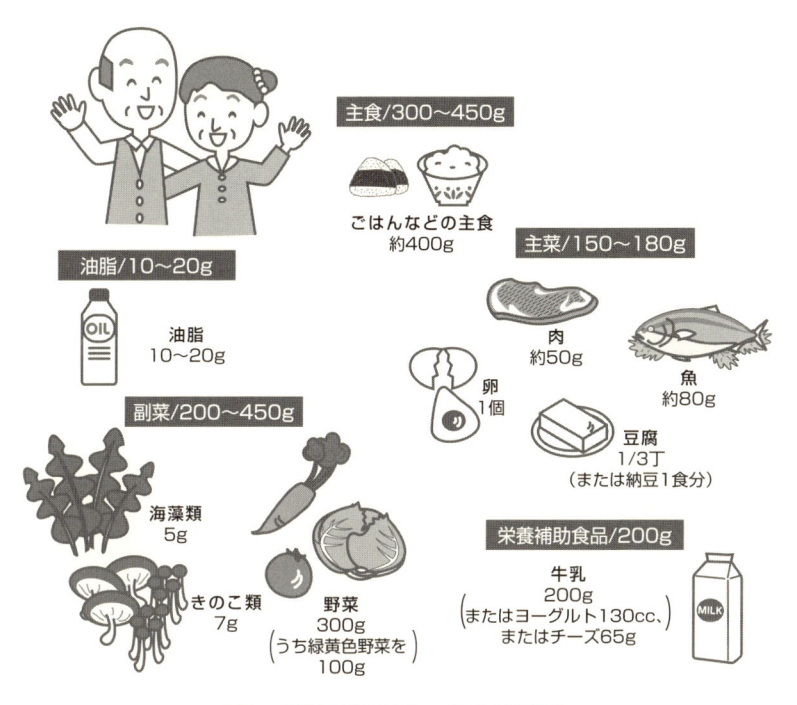

図1 高齢者が取りたい1日の栄養量

主食／300〜450g
ごはんなどの主食 約400g

主菜／150〜180g
肉 約50g
魚 約80g
卵 1個
豆腐 1/3丁（または納豆1食分）

油脂／10〜20g
油脂 10〜20g

副菜／200〜450g
海藻類 5g
きのこ類 7g
野菜 300g（うち緑黄色野菜を100g）

栄養補助食品／200g
牛乳 200g（またはヨーグルト130cc、またはチーズ65g）

　焼き魚は，自家製干物とするのも新鮮で経済的です。青魚や白身の魚を3枚におろし，天然塩水に1時間ほど漬けた後，冷蔵庫の棚にビニール袋か空の牛乳パックを広げ，塩水を切った魚を入れて，一夜干しのように乾燥させます。ひっくり返して一夜置き，食べる人数分に分けてパックして冷凍庫で保管します。一夜干し干物は，新鮮で美味な朝食の一品になりますので，旬で安い時に青魚やカマスなどをたくさん作って保存しますと大変便利です。

　野菜は，3種類を食べる大きさに切り，沸騰した湯に天然塩（ミネラル摂取のため）を入れ，野菜を入れてかき混ぜ，煮え立ったら，直ちにあげて冷水をかけ，水切りをします。

　食べる分よりも多い場合は，冷凍保存しましょう。茹で野菜はゴマ・落花生等のナッツ類で合え，ドレッシングも梅干やラッキョウ漬けの汁

1) 毎日5～7種類の野菜をとることを心がける。
2) サラダばかりでなく、ゆでる、煮る、炒めるなど、料理法を工夫する。
3) 週に1度は残り野菜をたっぷり使った汁物や 鍋物を作る。
4) 冷凍野菜を常備しておく。

野菜スープ　　冷凍野菜　　野菜たっぷり鍋

知っておきたい！野菜100gの目安　　緑 緑黄色野菜　　淡 淡色野菜

ほうれん草 1/3束 (緑)	にんじん 2/3本 (緑)	かぼちゃ 1/8個 (緑)	ピーマン 2個 (緑)	トマト 中1個 (緑)
ビタミンA、B₁、C、鉄分、食物繊維とまんべんなく栄養を含むすぐれもの。	ビタミンAの含有量は野菜の中でも屈指。油で調理すると効率よく栄養を吸収できる。	ビタミンA、C、食物繊維、カリウムと多くの栄養を含む。エネルギー源としても優秀。	ビタミンA、Cを多量に含む夏野菜の代表選手。調理用途も広く、保存もきく。	ビタミン類の豊富さはNo.1。赤色はリコピンという色素でがんを防ぐ効果が認められた。

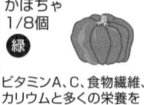

キャベツ 2枚 (淡)	大根 1/8本 (淡)	きゅうり 1本 (淡)	たまねぎ 小1個 (淡)	なす 2個 (淡)
ビタミンCが豊富。胃腸障害に有効なビタミンUを含むのが特徴。	食物繊維と消化酵素（ジアスターゼ）が便秘予防。葉はビタミンAも含む。	生で食べるのに適し、よくも悪くも体を冷やす。カリウムも比較的多い。	ビタミンB₁の吸収を助ける硫化アリルを含み疲労回復に効果的。	夏野菜としても好まれ料理範囲も広いが、野菜のなかではビタミン類は少ない。

図2　野菜をたっぷりとる調理の工夫

出典：石川恭三監修『ライフスタイル改造計画』東京法規出版，2004年。

や自家製果実酒に酢を加えて使いますと、まろやかになり美味となります。

　朝食時のヨーグルトには抹茶と蜂蜜を小さじ1杯ずつ入れますと、ビタミン・ミネラルを確実に摂ることができて、腸内細菌の餌になります。

　運動不足で肥満を心配する人は、加齢により低くなる身長を確認し、適正エネルギー量を計算し直し、修正しましょう。

　大切なことは、糖尿病の人でも基礎代謝量分をバランスよく食べることです。

　たとえば、近年、若者に糖尿病から失明する人が増加していますように、糖尿病では躰の一番弱い部位に余病が出やすくなります。図1を目安（1400Kcal）に、あくまで基礎代謝量を下回らず、バランスを重視して食物を摂取し、日中は手足を使った運動によって活力をつけることが肝要です。

　肝腎なことは「骨粗しょう症には牛乳」、「貧血には鉄剤」などのよう

に条件反射的に摂取してはならないことです。躰のメカニズムは複雑・精巧にできており、微量なミネラルやビタミンの不足が栄養状態の一番悪い部位に症状となって出ます。

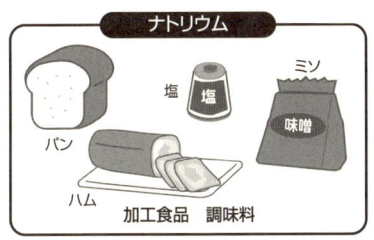

ナトリウム
パン、ハム、塩、味噌
加工食品　調味料

カリウム
リンゴ、バナナ、ホウレンソウ、ソラマメ
果物、野菜など日常の食品に広く存在

（0.6 対 1）

カルシウム
牛乳、マメ類、小魚（煮干し）、海藻（ヒジキ）

マグネシウム
日本そば、ココア・抹茶、小魚（シラス）、ゴマ・ナッツ、海藻（コンブ・ヒジキ）、果物

（2 対 1）

高血圧でも塩分の摂取量を気にする必要はない。食塩により摂取されるナトリウムに対して、カリウムを2倍弱ほど摂っていれば血圧は正常に保たれる。また、マグネシウムは縮んだ血管を緩める働きがあり、高血圧や不整脈を予防するので、日常的に摂取することが望ましい。

図3　正しいミネラルバランスが血圧を正常にする

出典：三石巌『正しいミネラルバランスが血圧を正常にする』祥伝社、2001年。

表1　良質のたんぱく質が健康をつくる

区分	プロテインスコーア	必要量(g)	区分	プロテインスコーア	必要量(g)	区分	プロテインスコーア	必要量(g)
卵	100	79	牛乳	74	466	アワビ	54	79
サンマ	96	52	オートミール	74	100	高野どうふ	52	36
イワシ	91	63	エビ	73	86	とうふ	51	327
マトン	90	68	米飯	73	652	トウモロコシ	51	516
豚肉	90	83	カニ	72	69	ピーナッツ	48	81
カジキ	89	48	タコ	72	95	ジャガイモ	48	1097
アジ	89	56	すじこ	66	61	食パン	44	284
鳥肉	87	55	サケ	66	58	みそ	44	162
イカ	86	68	たらこ	64	60	サヤエンドウ	36	772
そば	85	357	うどん	56	687	マッシュルーム	23	1175
ロースハム	84	64	大豆	56	52	シイタケ	18	3700
チーズ	83	48	納豆	55	110	コーンフレークス	16	694
牛肉	80	65	ソラマメ	55	260			

プロテインスコーア：食品に含まれるたんぱくの「良質度」
必要量：良質たんぱく10g摂取に必要な食品量

出典：三石巌『医学常識はウソだらけ』都築事務所、2001年。

分子栄養学による栄養素の目安は図3，表1，2，3のとおりですので，これを冷凍・冷蔵庫に張り，こまめに参考にしながら，自分自身の躰の状態と家族の健康状態を考えて調理して下さい。しかも，三種の神器である良質なたんぱく質，メガビタミン，活性酸素を抑制するスカベンジャーをたっぷり，つねにバランスを考えて食物を工夫し，創造して調理することが健やかに暮らす源泉です。

　留意しなければならないことは，歯の健康状態にもよりますが，加齢につれて本人自身も周りの家族や友人も，「高齢だから」と柔らかい食物の食事を目指すような傾向があることです。

　しかしこの傾向はもっとも注意しなければならない老化を促進する方法であることです。むしろ加齢しても，躰に応じた適正エネルギー量を摂るための食事は，できるだけ中高年時代と同じ硬さを保つことが大切です。

　人は加齢によって身長や体重が減少し，1日の適正エネルギー量が相対的に減少します。その結果，食事量も減少してきますので，加齢につれて低下する消化機能や唾液の減少等を補強する工夫が必須となってきます。そのため徐々に食事時間を延長して嚙む回数を増やし，ゆっくり，じっくり食べる方向に転換することが賢明な方法となります。

　はじめは苦手や苦痛に思えても，1日平均3回の調理体験を継続しますと生活リズムの一部となり，1～3カ月で習慣化します。少なくとも1年を通じて実行する間に，四季に応じた旬の食材は安くて新鮮，手軽に調達でき，季節ごとの果実酒を造ることも可能になり，経済観念も発達します。

　料理に関わるこまめな動作や屈伸の運動も加わって，両手足・指先の血液循環の促進や脳の活性化と筋肉の強化につながり，元気の源になります。まさに「料理は人を聡明にする」の諺どおりです。

　ラジオを聴きながら，また，今日1日の装いや出会う人，諸計画を思い描きながらの調理は，楽しくハミングしてリズミカルに切り，五感を働かせて，煮る・焼く匂いで頃合を見て，手早く済ますことがコツです。

　食器等の器物を落としやすくなりますと，手指先の血液循環不良の可

表2 主なビタミンのはたらきと性質

一般名（化学名）	はたらき	欠乏症状	供給源となる食品
ビタミンA ＜レチノール＞ （脂溶性）	視覚・聴覚・味覚の維持 生殖機能保持 免疫機能を正常に保つ 粘膜・軟骨の形成 発ガン予防	夜盲症，視力・聴力・味覚異常 性機能退行，不妊 気道・消化管・皮膚・感染症 尿路結石，関節痛 上皮性ガン 皮膚角質化	肝油・レバー・ バター・チーズ・ 牛乳・卵黄
ビタミンC ＜アスコルビン酸＞ （水溶性）	コラーゲン合成 抗ウイルス作用 ステロイドホルモン合成 エネルギーづくり 解毒 発ガン予防（抗酸化作用）	壊血病，骨軟化 感染症 疲労 不妊 肝機能低下 白内障 高脂血症	イチゴ・レモン・ 柿・パセリ・ ブロッコリー・ ピーマン・イモ・ 緑茶
ビタミンE ＜トコフェロール＞ （脂溶性）	ステロイドホルモン合成 解毒 抗血栓作用 血液循環を正常に保つ 抗老化・抗ガン（抗酸化作用）	不妊，流産 公害に弱い 血栓症 動脈硬化 高脂血症 感染症 ガン	アーモンド・大豆・ コムギ胚芽・ 落花生・ウナギ・ エンドウ豆・ シジミ・アユ
ビタミンB1 ＜チアミン＞ （水溶性）	ブドウ糖利用 エネルギーづくり アルコール分解 神経機能の維持（神経伝達物質として働く）	疲労，倦怠，動悸，息切れ 筋力低下 脚気 物忘れ，イライラ，居眠り 脳症	豚肉・焼ノリ・ ゴマ・落花生・ ウナギ・タイ・卵
ビタミンB2 ＜リボフラビン＞ （水溶性）	脂肪酸利用 エネルギーづくり 解毒 生殖・成長を助ける免疫力を保持 抗酸化作用	粘膜（口腔など）・皮膚・目の炎症 ニキビ 疲労，体重減少 流産 感染症 うつ，発達遅滞	焼ノリ・ 干しシイタケ・ アーモンド・納豆・ 卵・豚肉・牛乳
ビタミンB6 ＜ピリドキシン＞ （水溶性）	アミノ酸利用 神経伝達物質合成 免疫機能の維持 造血を助ける 抗炎症作用	動脈硬化 つわり，けいれん 感染症 貧血 関節炎 ゼンソク	イワシ・大豆・ クルミ・バナナ・ 豚肉・ジャガイモ
ビタミンB12 ＜コバラミン＞ （水溶性）	エネルギーづくり 神経の修復 生体リズム調節 免疫機能の維持 造血を助ける	倦怠，脱力感 知覚異常 神経痛 睡眠障害 染色体異常 悪性貧血 関節痛	カキ（貝）・魚卵・ ニシン・サバ・ 豚肉・イワシ・卵

出典：三石巌『医学常識はウソだらけ』都築事務所，2001年。

能性がありますので、たとえば箸1膳・2枚の皿・20粒位の豆を準備して、片方の皿上の豆を空き皿に箸で移すことを、どの位早くできるかも心して繰り返すなど、手足のこまめな運動を心がけることが大切です。

表3　スカベンジャーとなる食品

	食　品　名
ビタミンC　　（水溶性）	レモン，イチゴ，ミカン，柿，パセリ，トマト，ブロッコリー，ピーマン，サツマイモ，番茶
ビタミンE　　（脂溶性）	アーモンド，コムギ胚芽，大豆，落花生，ウナギ，シジミ，カツオ，アユ
カロチノイド　（脂溶性）	緑黄色野菜（ニンジン，カボチャ，トマトなど），柑橘類，抹茶，赤身の魚，海藻，卵黄，魚卵（タラコ，スジコ，ウニなど）
ポリフェノール（脂溶性）	ゴマ，緑茶，赤ワイン，コーヒー，ショウガ，香辛料（グローブ，ナツメグなど），ハーブ

病気や老化の原因となる活性酸素を除去する物質「スカベンジャー」は、日常的な食品にも豊富に含まれている。
出典：三石巌『医学常識はウソだらけ』都築事務所，2001年。

5　食事の摂り方のポイント

朝は女王のように、夜は乞食のように
食べるってどういうことでしょうか

　日中の元気な暮らしを支える活動が、夜の安眠をもたらします。その活動を支える適正な食事量の配分は、古い諺にあるように、「朝は女王のように、昼は王のように、夜は乞食のように」食べることが大切です。
　1回の食事平均量を5としますと、朝（7か5）・昼（5か7）・夜（3）の比率で摂るのが胃腸の負担にならない躰全体に優しい摂り方です。
　そして、1日3回の食事時間は、5時間の間隔を入れるのが、3種類の時計（36頁参照）にも合致しています。たとえば、朝食6～7時、昼食12～13時、夕食18～19時を基準にして食事を済ませ、1日の諸活動を進める生活リズムは、早寝・早起きの習慣による体内時計の正確さにつながって、生体リズムを快調にし、自然に躰が動くようになります。
　この食事時間の間隔は、環境時計の季節変化にも無理なく順応することができます。また社会的な活動を規制する機械的な時間に対しても、そして起床・間食・就寝時間との関連においても、合理的で無理のない

時間帯ですし，健やかに暮らすためには欠かせない食事の摂り方といえます。

　朝食は体内時計の調整と脳の活性化に重要です。1時間位かけて，ゆっくり，ゆったり，しっかり噛んでいただくのです。

　1日の始まりに1日に必要なエネルギー量の半分近くを摂っておきますと，日中の労働や活動を活発にできます。そのうえ排泄にとっても大切なことです。

　外出の多い人は，朝が魚料理だったのなら，昼は肉料理などの朝には食べなかったたんぱく質・脂肪等と十分な野菜・果物を摂るようにします。

　夜は野菜たっぷりの湯豆腐やじゃこまたは納豆入り大根おろしや刺身など消化の良い食物を，遅くとも午後8時までに摂ることが肝腎です。

　夜遅く食べますと，消化器系に血液を動員する必要がありますので，脳へ送る血液循環量が低下して，睡眠の準備が整わないのです。そのため入眠することができず，遅くまで起きていることになります。午後11時頃までに眠らないと，浅い睡眠となり，慢性的疲労を招くことになります。加齢すればするほど，午後7時までに夕食は摂るようにして，安眠を促すことが最良の方法です。

　入浴後は，100％ココアさじ1杯を100〜150mlの牛乳またはろ過水道水で溶き，それに蜂蜜1杯を加え温めて飲みましょう。100％ココアは，不足しがちな微量ミネラルがバランス良く含まれていますので，躰のミネラルバランスを保つ良い食品です。

　温かい飲み物は入眠を促し，安眠をもたらす良い方法です。

　ゆったりした夕食の他に，梅干1個またはおろし生姜と蜂蜜大さじ1杯をコップ1杯の温湯で溶いたもの，または，コップ1杯の100％果汁などがよいでしょう。これらを語らいやTV観賞・音楽・読書・日記・手紙書きの一刻に飲めば眠気を催してきます。早起きから始まる十分な活動や労働が適度な疲れとなって安眠をもたらします。

6 よく噛むことはとても重要です

歳の数だけ噛む
ことが目標です

　一人の元気な高齢者の事例をみます。
　この方はどんなに加齢しても，2足直立歩行動物という宿命を忘れず，体内時計・環境時計・機械時計に合わせ，動作時間に余裕を持って，一つひとつの動作をゆっくりあわてず泰然と進めたので，手術をしても驚異的な回復で，順調に退院できました。

> ● 事例
> 　胆のうがんの手術を受け，元気に退院した男性（92歳）の場合
> 　初めての病気で入院して手術。貿易商で世界を回り75歳まで働いた。子ども時代から親の言う通り，「食事は年の数だけ噛む」ことを守っている。自分にふさわしい食事は普通食と言われ，あらかじめ，食事量を3分の1に減量する。椅子に姿勢を正して座り，自然の恵みに感謝して一礼。お茶を一口飲む。一口92回噛む。たっぷり1時間。食べ終えて，ゆっくりお茶を飲み，一礼し満足とのこと。そして歯磨きをして廊下まで下膳。
> ◎ 事例から学ぶ大切なことは，高齢（92歳）になっても普通食を摂っていることです。①食事量は成人の3分の1で満足，②胃腸に負担をかけない姿勢（背筋を伸ばして正しい座位）の保持，③食前に感謝の一礼，④食道の通過を良くするため，はじめにお茶をたっぷり一口飲む，⑤胃腸に負担をかけないよう年の数だけ噛んで食べている，⑥健康を維持する食事は偏食せず満遍なく食べる，⑦ゆっくりお茶を飲む，⑧食後に感謝の一礼，⑨食後，歯磨きの実行，⑩廊下まで歩いて下膳，の10行為を，食事毎に実行していることです。

　この手順は，「人を良くすることが食事である」という見本として，すべての人が見習わなければならない食事の所作であり，歯・歯肉の強化と口腔内の清潔保持，誤飲と窒息防止の方法を学び，見習う所作の典型例です。
　自前の歯で食物を口に入れる毎に箸置きに箸を置いて，年の数（92回）だけ噛むのです。まず右側10回，次いで左側10回，それを交互に4回

終え，さらに，全体で12回嚙めば，途中から食事が甘くなり，気持ち良くなるとのことです。

口中の食物は，唾液たっぷりで胃腸に負担をかけない液状になりますので，咳こむこともなく飲み込むことができます。「若い時代から仕事で世界のどこへ行っても，どんな料理でも，同じ方法で食べていた」ということです。そして，人より食事量は少なく，年の数だけ嚙んでいたので，満腹になって満足できているということでした。

92歳まで症状としての痛みもなく，黄疸が発現して診断を受けるまで普通の生活を維持し，趣味は語学です。ラジオで3か国語の勉強を続け，世界のどの国のことを質問しても思い出とともに楽しく語る好々爺でした。

よく嚙むことは日本人の戦後最大の忘れ物であるようです。20代の学生達に食べてもらう実験によりますと，現代人の1回の食事の咀嚼回数は，弥生時代の6分の1という調査結果です。調査者の斉藤氏は，嚙む回数と健康度を5段階評価の診断表にし，咀嚼回数の目安である1口30回以上とガム嚙みを習慣化することを勧めています。

ことに，高齢者は，（1）よく嚙んで食べる，（2）1人で食べない，（3）一品でもいいから食べたいものを食べる，の3点を守る2週間の食事実験の結果，海馬の機能は劇的に高まり，表情がイキイキとしてくることが明らかになりました，と言っています。

表4　唾液に含まれる主な成分と役割

名称		はたらき
外分泌	ムチン	食物を嚥下しやすくする
	アミラーゼ	デンプンを分解し，麦芽糖にする
	リゾチーム	抗菌作用
	ペルオキシダーゼ	発がん物質の作用を弱める
	シスタチン	たんぱく質分解酵素阻害作用
	スタテリン	カルシウムと結合して歯を強くする
	ガスチン	亜鉛と結合して味覚の働きを敏感にする
	ラクトフェリン	鉄分と結合して作用し，細菌の育成を抑制する
	アルブミン	口の中をなめらかにして乾燥を防ぐ
	免疫グロブリンA	抗菌作用
内分泌	EGF（上皮成長因子）	皮膚，歯，口腔粘膜，胃腸，血管などの細胞の増殖
	NGF（神経成長因子）	神経節や神経線維の発育促進

出典：齋藤滋『よく嚙んで食べる』日本放送出版協会，2005年。

斎藤氏は早期の認知症や認知症予備軍に対して，予防医療として咀嚼の取り入れを提唱し，「唾液は不老長寿の妙薬」と，表4に示す唾液の主成分とその役割を重視しています。

7 快適な食事環境の必要性
食事環境の大切さって
考えたことありますか

　食事の際は周りの環境を整えることが大切です。晴天時には戸外の庭やマンションならベランダに食卓と椅子，そして一輪の花を添えて食事を運び，日光浴を兼ねてできるだけ自然のなかで食べることも大切です。

　室内の場合は窓を開けて換気を図り，できれば窓は開けたままで，空気の流れるなかで食事をします。好みに応じてお香を焚き，音楽を流してリラックスしていただけば，楽しいひと時となるのです。

　誕生日や記念日だけでなく，家族や友人と話し合い，月1回または週1回は，交代で招き・招かれ合って，少し豪華な料理を工夫して作るなどして，できるだけ2人以上で，喋りながら味わって，ゆっくり食べる環境を整えることが食事には非常に大切です。

注
（1）斉藤希史子記『主食中心で健康に』毎日新聞社，2005年10月4日朝刊。
（2）斎藤滋著『よく噛んで食べる』日本放送出版協会，2005年，26頁。
（3）斎藤滋著『よく噛んで食べる』日本放送出版協会，2005年，92頁。
（4）斎藤滋著『よく噛んで食べる』日本放送出版協会，2005年，92頁。

8章 大切な排泄

豊かな情報源を
敬遠せずにしっかり
チェックしましょう

1 排泄の信号

体調や健康状態によって
大きく変化するものです

◆ 尿の色・臭い・量

　朝の尿の色は，濃縮されて濃いのが普通です。1日に1000〜1500mlが尿となって排泄されます。1日の食物の水分と水分摂取量（約2500ml）が少ない場合や，気温・湿度や活動の変化で発汗が多いときも濃縮されます。
　そのため，毎日，十分な水分補給をする，腸内細菌の餌となる栄養成分を十分摂る，果物・野菜はたっぷり摂る，ゆっくり嚙んで唾液を出して飲み込む，日中に十分な運動・活動をする，腹部は保温，下肢は温かく，つま先は5本指靴下を履くなど保温が大切です。
　躰からの便りとしての尿は，表にみる通りです。

表1　尿の状態と疾病の可能性

① 尿量が多い：糖尿病？　多量な水分を取り水中毒？
② 尿が甘く臭う：糖尿病でブドウ糖が排泄されている？
③ 茶褐色：摂取水分が少なくて濃縮された乏尿？　肝臓病？
④ 泡が茶褐色：肝臓病？
⑤ 尿が褐色で，便秘はないが腹が張る：肝臓疾患？
⑥ 尿が少ない（500ml以下）躰がむくむ：心臓・腎臓疾患？

　突然の濁った尿の排泄で驚くことがあります。この場合，生理的な濁りの尿と病的な尿があります。その見分け方は，①濁った尿を透明な容器に入れて加熱する，②①の状態に酢を一滴加える。この方法で透明になれば生理的な濁りの尿です。

　しかし混濁が消えない場合は病的な尿を疑い，かかりつけの内科医に残りの尿を持参して受診してください。生理的に濁る場合，多くは水分摂取の不足が考えられますので，日中の活動や季節に応じて十分水分補給することが大切です。

　かかりつけの内科医がいない人は，薬局で市販の尿検査用試験紙を購入して使用しますと，自宅で比較的簡単に病気の有無が判ります。

　異常結果の場合は，直ちにかかりつけの内科医に受診することが賢明です。

　尿は腎臓の働きで産生されますので，つねに心がけるべきなのは，腎臓に負担をかけないことです。第一は1日の塩分摂取は10g以下，できれば6g位を目安にしてバランスの良い栄養補給をすること，第二は保温，腎臓部位から足のつま先まではどんな場合も冷やさないこと，第三に十分な水分補給，この3つが肝腎です。

◆ **大便の色・臭い・形状**

　躰からの便りとして大便を観察すると色・臭い・形状からさまざまなシグナルを見ることができます。定期的な排便によって便の色や臭いや形状を正常に保つことが躰全体の健康維持のためにとくに大切な生活習慣です。

正常な場合は定期的に排泄されますので，便中に植物繊維が多く含まれていて臭いが少ない便です。悪臭が発生するのは蛋白質が腐敗してできるインドールやスカトール物質のためと，腸に滞留時間が長いため腸内細菌のなかの悪玉菌が増殖して腸内発酵を促進するからです。

表2　便の状態と疾病の可能性

> ① コロコロ便，硬くて太い便：水分や運動不足に加えて排便習慣の乱れがある。ストレスによって結腸が痙攣して便の通過が悪くなる，など。
> ② 甘酸っぱい便：血液中の糖の不足を補うための脂肪が不完全燃焼してケトン体（甘酸っぱい臭い）が便中に出るため。糖尿病の疑いがある。
> ③ 黒っぽい便，生臭い便：消化器の出血が疑われる。
> ④ 細い便と残便感：腸内にできたポリープ等が便の通過を妨げるため。
> ⑤ 白っぽい便：肝臓や胆嚢，膵臓の異常でビリルビンが小腸に十分流れなくなって，便に色がつかないため。
> ⑥ 鮮血が表面に付着：痔疾患や直腸がんが疑われる。

　表2のような便の状態によって病気が疑われる場合はかかりつけの内科医に相談して適切な判断をしてもらうことです。
　そして，"便秘は下剤"という条件反射的な対応で安易に薬に頼るのは新たな病気を生み出す大きな要因となりますので，自分の大便の状態を確かめることが大切です。
　右図のように便通状態の自己検診を実行してみましょう。躰の消化管の旅の所要時間（10〜48時間）が判ります。一日，1回200g前後の大便が出なければ図1の

> **便通状態の自己検診**
> 小さじ1杯の白または黒ゴマを噛まないで飲み込む。そのゴマが何時間後に出てくる（1日，2日？）か。ゴマの消化管の旅を見ることが，もっとも簡単で無害，正確な方法です。

ような症状が現れます。さらに，すっきりしない目覚めや倦怠感や食欲不振におちいりますので，十分注意をしてたっぷりの栄養・水分補給と手足の運動に気を配る必要があります。
　もっとも悪いのは便秘です。"健康にとっての極悪人"[1]として生活習慣病と老化の原因になると警告しています。
　根本的には"どんな病気でも間違った食生活を改めない限り完治する

ことはない"(2)といつも意識して，腸内細菌叢（有用菌・日和見菌・有害菌）のなかの日和見菌が病原菌化しないように，さらに，有用菌（善玉菌……主に乳酸菌）を増やす工夫を勧めます。

そのためには，事例の高齢女性のように異常を発見するには毎日の正常な時の状態を知っておくことが大切です。いつもと違う場合は，食事内容・水分量と運動量を振り返り，行動を改善することがなによりも大切です。

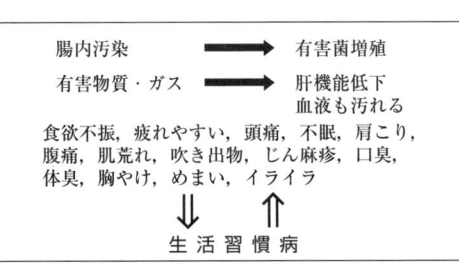

```
腸内汚染      ──▶  有害菌増殖
有害物質・ガス ──▶  肝機能低下
                   血液も汚れる
   食欲不振，疲れやすい，頭痛，不眠，肩こり，
   腹痛，肌荒れ，吹き出物，じん麻疹，口臭，
   体臭，胸やけ，めまい，イライラ
          ⇩        ⇧
         生 活 習 慣 病
```

図1　便秘を原因とする症状

便の色が白っぽくなったら，肝臓や胆囊の異常がないか，皮膚のかゆみはないか，そして，黒っぽい便が出た場合，いつ大便をしたか，毎日なら出血による便ではないか，などと考えて，かかりつけの内科医に受診することが大切です。

> ● **事例**
>
> 　92歳のある女性（身長145cm，体重60kg）の場合は，腹部が大きくても太っているからと，毎食の小食を，本人も家族も気に留めていませんでした。ある日，食後の激痛で救急受診。末期ガンが発見され，緊急手術。
> 　詳しく聴いてみると，便秘のため，毎日，下剤を使用し，しかも，大便が黒くて細い便でした。

オナラや臭い便は，サツマイモなど多くの繊維を含む野菜が，人間の胃腸の消化液では消化されないために，そのまま大腸に送られて微生物によって腐敗が進められ，悪臭の伴うガスを発生させたものです。

ことに，加齢すると有用菌（善玉菌）が減少し，有害菌（悪玉菌）が多くなり，オナラや臭い便が多くなります。有用菌（善玉菌）を多くするためには腸内細菌の餌を十分摂取することが大切です。

コロコロ便や便秘は水分不足の場合が多いので，白湯またはろ過水道水を十分補給しましょう。1日3回の食事にはたっぷりのお茶（緑茶・ほうじ茶）をいただき，10時，15時，20時にはお茶や白湯・ろ過水道水や100%果汁を補給する時間を取って，リラックスすることを心がけることです。

また，野菜や果物の摂取や運動不足，腹部・下肢の保温の不十分や躰の声に合わせた排便習慣をつけていない，などがこのような便の原因になります。そのため，食事の摂り方（82頁）を参照し，バランスを考えた正しい食事を摂ること，運動不足を解消すること，腹部から下肢の保温に留意すること，なによりも排便習慣をつけることが重要です。

この努力は，つぎの朝に成果が現れますので"躰の自己管理は，認知症予防のはじめの一歩"として大きな助けにもなる楽しい行動の1つにしましょう。

◆ **水分補給の注意点**

日本人ことに高齢者には水分補給に緑茶を飲む人が多くいます。お茶によるうがいの効果はすでに述べた通りです。

しかし，近年の臨床的見解は「進行した萎縮性胃炎のある人は，毎日7，8杯以上の緑茶を飲む人によく見られます」と，「1日2～3杯程度にし，とくに空腹時に飲むことはやめたほうがいい」[3]ことを臨床医が勧めています。

タンニンの含有量（抽出液100ml）	
玉露（230mg）	コーヒー（60mg）
紅茶（100mg）	ほうじ茶（40mg）
煎茶（70mg）	
カフェイン含有量（抽出液100ml）	
玉露（160mg）	コーヒー（40mg）
紅茶（50mg）	ほうじ茶（20mg）
煎茶（20mg）	

出典：新谷弘実著『健康の結論「胃腸は語る」ゴールド篇』弘文堂，2005年，147頁を丹羽が表に改変。

日本人の重要な嗜好品のお茶ではありますが，躰に害をおよぼすカフェインやタンニン酸等は，加齢につれて老化する胃壁に配慮して，適

度にバランス良く摂取することに留意しなければなりません。

　経験的にいいますと，毎食後はお茶（緑茶・ほうじ茶）または梅干1個と大さじ1杯の蜂蜜のお湯割り（スポーツドリンクに近いミネラル成分になる），休息時はコーヒー・紅茶にスプーン1杯の蜂蜜を入れた白湯を飲むのが良いでしょう。夜の水分補給には100％ココアを牛乳または白湯で溶いたものにスプーン1杯の蜂蜜を加えて飲むことです。そうすれば，十分な水分と腸内細菌の餌を摂ることができます。そして，1日2～3種類の果物やたっぷりの野菜をいただき，メガビタミン（ビタミンの大量摂取）を摂る工夫をしていますと，体調が良く便通も快調です。

　最近，ペットボトルを鞄やバッグに入れ，自分の好きな時に飲む人をよく見かけます。この悪い習慣は止めるべきです。その理由は，自分自身の躰の構造と機能を知らずにいることで，消化管の疲労や自律神経のバランスを崩す"狎れの悪習慣"であり，正しい食事に留意することが健やかな暮らしの源泉であるからです。

2　規則的な排泄習慣の重要性
排泄に規則性をもたらすためには
どんなことに気をつければよいでしょう

　ぜん動運動によって運ばれた糞便が結腸（下行・S字状）に溜まりますと，骨盤の神経を刺激し大脳の排便反射により便意を催します。

　反射をコントロールしているのは自律神経の一部で，躰がリラックスできるように働く副交感神経ですので，排便のタイミングは躰がリラックスし，食事による体温上昇によって血液循環や排泄機能が高まる食後がもっとも好ましいのです。そのため，朝食後に排泄の習慣をつけることが，躰にやさしく合理的な方法と言えましょう。

　毎朝1回朝食後に温めた洋式便器にゆったりと座り（和式の場合は，前に両手でつかむバーを付けると腹圧をかけ易く，屈伸時の安全を保つことができます），腹部全体を「の」の字にマッサージをした後，便意とともに重力と腹圧によってすっきり出すことが大切です。

いずれの場合も，腹部を温めてぜん動運動を促進して排便を促すために，腹部の「の」の字マッサージを10回ほど繰り返しますと効果的です。運動不足や食事の改善を試みても，硬便やコロコロ便，便秘に陥りやすい人は，排泄のために力むのではなく，へその部位（臍動脈上）または腰椎部位の下着の上にホカロンなど簡易カイロを貼って保温すると効果があります。どんな場合も，下腹部から下肢の保温は血液循環を促進し，体温低下を防ぐため，加齢するにつれて常用するようにしますと，健康管理に有益です。しかし，この場合低温火傷に注意するようにしましょう。

　排泄の後始末，ことに女性の場合のチリ紙の使い方は，必ず陰唇の片側を上から下へ，もう片側も上から下へ拭き，肛門は必ず前から後ろへ拭くことを守り，尿道炎・膀胱炎などの感染症予防に努めましょう。

◆ 尿漏れ・頻尿の対策

　最近，40代の女性のなかにも尿漏れに悩む人が増えています。2足直立歩行の人間は膀胱が小さいという宿命を持ち，さらに女性の場合は尿道が4cmほどしかないため，尿が膀胱に半量以上貯まりますと反射神経の働きで尿意を催し，括約筋が緩んで排尿します。

　そして老化等により括約筋が緩みますと，尿意を我慢できなくなって尿漏れとなるのです。さらに尿道口の周りは湿度・温度が細菌の繁殖にとって都合がよいため，排泄時に後始末を誤ったり清潔を怠りますと，尿道炎・膀胱炎になりやすく，その刺激によってつねに尿意を催すことになります。

　そのため，尿道や肛門，膣の括約筋の弾力性を保つための日常的な伸縮運動が必要です。就寝前，起床時，疲れたときなど，腹式呼吸10回を行う際，呼気時に尿道・肛門・膣をしっかり絞め，吸気時に緩めます。また，入浴時や機会のある毎に腹式呼吸をして括約筋の伸縮性の強化訓練を行うことが大切です。

　排尿の回数は，健康な人は1日10回以下であり，10回が頻尿の目安です。

　その原因には，生理的な頻尿として，①水分の取り過ぎ（お茶やコー

ヒー等),②精神的緊張（職場のストレス,初めての体験の前等),③気温・室温の低下（冷房など）や衣服の調節不足（体温維持のため,体内水分量が増え排尿が多くなる）があります。

病的な頻尿には,①膀胱や尿道の感染症,②前立腺肥大や炎症・がん,③腎臓の疾患,④尿路結石,⑤糖尿病,⑥神経症等です。

いずれの場合も,就床後にも尿意をたびたび催すために頻尿になり,睡眠障害が起きてきます。夕食や夜食時の水分補給のいきすぎや一時的な緊張の原因の場合は,日中の十分な活動による発汗と保温に努めれば戻ります。

しかし夜間の頻尿の場合,ことに男性の前立腺肥大の場合は,自覚症状の無い時期が長く頻尿や1回の尿量が少ない場合,尿の混濁や血尿の場合は,まずかかりつけの内科医に受診しましょう。そして,病的な場合はかかりつけの内科医の紹介状を持参して専門医に受診するのが賢明な方法です。

♦ 安全のための工夫とアメニティ

家の構造が全室床暖房の場合は問題は少ないようです。マンションのように集合住宅の場合は,室温の寒暖差が少ないようです。一軒家の場合は寝室・居間とトイレ・浴室との室温の差が大きいのが一般的です。

冬の朝にトイレで排便を促すために力むことは,できるだけ止めましょう。脳出血,心臓発作を起こしやすいのです。また,目覚めてすぐの起立時のめまい・ふらつきで,転倒や骨折を起こしやすくなります。同居者がいる人も1人暮らしの高齢者も,なによりも安全を確保するために,寝床での体操をしてから起き上がるのが必須です。

また,後期高齢時や片麻痺等になった場合を考えて,トイレや浴室のドアを引き戸に,ドアの両サイドを引きノブに,さらにトイレと浴室は便器や浴槽に座る前方と左右に手すりを設ける改修をしておくことも大切です。この改修は膝の屈伸に支障がある場合や運動をする場合にも有効です。

洋式便所の場合は,便器の冷えも考えて便器の保温と陰部の洗浄がで

きるように改修し，臀部が温かくリラックスして排泄ができるようにすることが大切です。介護保険制度で一部改修費が出ますので，介護保険課に相談することです。

　緊急時の場合に備えて，トイレと浴室に非常用のブザーを付けておくのも重要です。しかし実際の緊急時には，設置型の非常用ブザーは場所によって使いにくいことがありますので，できるだけ防水時計型非常用ブザーを常用することが一番良い方法です。

　家の新築時や改修時に，床暖房にするのも健やかな暮らしには効果的です。

　落ち着いた雰囲気でゆっくり排泄できるようにトイレのアメニティをととのえておくことも大切です。目の前の壁に好みの絵画を伴ったカレンダーを貼り，予定などを書き入れて見るのも良い方法です。一輪の活き活きとした生花があれば，会話することもできます。さらに，精神の安定と抗菌作用のある精油（エッセンシャルオイル）のスプレーや香りの置物を利用して香りを楽しみながらリラックスして排泄をすることも嗅覚から脳への刺激にも役立つ大切な要素です。

　いずれの場合も朝に躰からの便尿の便りによる健康チェックをすることが一番有効な方法であり，その結果に病気の疑いがあれば気軽にかかりつけの内科医に受診して安心を得ることが，介護を必要とせずに健やかに暮らすための重要な鍵の1つです。

注
（1）新谷弘実著『健康の結論　「胃腸は語る」ゴールド篇』弘文堂，2005年，98頁。
（2）新谷弘実著『健康の結論　「胃腸は語る」ゴールド篇』弘文堂，2005年，184頁。
（3）新谷弘実著『健康の結論　「胃腸は語る」ゴールド篇』弘文堂，2005年，147頁。

9章 清潔の維持

入浴は，精神面・肉体面
両方で大きな
効果をもっています

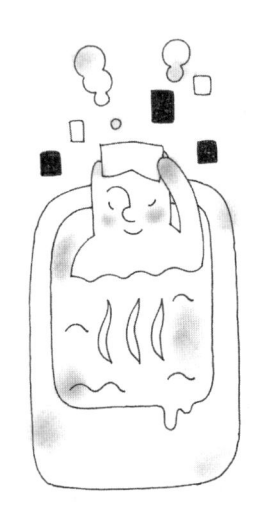

　躰のすべての細胞の寿命は臓器や機能によって異なりますが，皮膚の新陳代謝は1～2週間であり，垢は皮脂質・汗・ホコリ・ゴミで成り立っています。垢は保温の役目もありますが，細菌に感染する危険があります。一方，垢を取り過ぎますと，皮膚に目には見えない傷をつけて皮膚の温度調節機能を低下させ，感冒症や感染症の原因になりやすいのです。

　そして，高齢者にとって常に大切なことは"躰の保温"です。たとえば，小児科医は未熟な訴えしかできない乳幼児の診察では温めた両手で乳幼児の全身をくまなく"手当て"して乳幼児の反応をもとに判断します。これは皮膚の冷たい部分は血液循環不良を起こしており，症状の発生源の可能性があるからです。

　その意味で，入浴は古代から風呂や温泉を利用してきた日本人の鋭い

感性と生活の智恵であると言えましょう。

　近年ではがん治療に"温熱療法"が行われますのも,「体を温める」と病気は早く治る(1)ためです。

　皮膚の清潔と保温のバランス,さらに入浴による疲労度(エネルギーの消費量)とのバランスを見極め,これらのバランスを保つさまざまな工夫を用いて日常的に合理的な入浴を実践していくことが健やかに過ごすためには肝要なことです。

1 全身浴
入浴にはプラス面と
マイナス面があります

◆ 入浴の功罪とアメニティ

　入浴のプラス面は,①皮膚の清潔を保ち,感染を予防する,②皮膚呼吸を活発にする,③血液循環を促進する,④新陳代謝を促進する,⑤鎮静効果がある,などです。その結果,リラックスできた心地よい疲労感が生まれて安眠を促し,また食欲の増進につながります。

　しかしマイナス面として,表のように,日常生活動作によるエネルギー消費量の高低の順位は,①階段(のぼる),②蒲団の上げ下ろし,③掃除(掃く・拭く),④階段(おりる)・自転車,⑤入浴です。そして介護が必要になった主な原因のトップは脳血管疾患であり,その要因の1つが入浴中に起きていることに注目する必要があります。

　何よりもまず一人ひとりの体調に応じた方法で入浴する必要があります。入浴のエネルギー消費量は,歩行,買い物,炊事よりも高いことを念頭に置いて,心臓への負担や体力の消耗による疲労を考えて,入浴の温度,入浴時間の長短や入浴の間隔に留意して入浴することが非常に重要となります。

　浴室内温度の高低の影響や,湯温の好みもありますが,夏は38℃前後,冬は40℃前後,入浴時間は10〜30分程度を目安に,夏期・冬期や目的に応じて入浴日を決め,加えて,シャワー浴,半身浴,足浴

表1　日常生活動作によるエネルギー消費量

単位：kcal/kg/分

項　目	エネルギー消費量	項　目	エネルギー消費量
睡眠	0.0170	掃除（はく，ふく）	0.0676
食事	0.0269	（電気掃除機）	0.0499
身仕度	0.0287	洗濯（電気洗濯機）	0.0410
歩行（普通）	0.0570	（手洗い）	0.0587
散歩	0.0464	（干す，とりこみ）	0.0587
階段（のぼる）	0.1349	（アイロンかけ）	0.0464
階段（おりる）	0.0658	ふとんあげおろし	0.0818
乗物（電車，バス位）	0.0375	裁縫	0.0287
自転車（普通）	0.0658	教養	0.0233
自動車運転	0.0287	趣味・娯楽	0.0287
休息・談話	0.0233	机上事務	0.0304
入浴	0.0606	買物	0.0481
炊事（準備，かたづけ）	0.0481	草むしり	0.0552

出典：日本体育協会スポーツ科学委員会。

や手浴を行うことが良い清潔ケアの方法です。

　アメニティは明るい壁と滑らない床を心がけ，浴槽の深さはベッドや車椅子と同じ高さの45～55cmにします。なぜなら足が不自由になっても腰掛けて浴槽の出入りができるためです。

　さらに，浴槽内に滑り止めを付けたり，滑り止めマットを使用するなどして"溺死"予防をすることも大切です。また，壁側に手すりを付けておくと浴槽内で座位の際の不安を除くことができます。入浴剤を使用して，躰のリラックスと保温だけでなく，香りを楽しむことも大切なことです。

　入浴剤の主な原料は"重曹"です。安価なので家庭内で多目的に応用しますと便利です。浴槽に大さじ1～2杯を入れてよくかき混ぜ，薬効が消失する30分以内に入浴します。重曹は血管を拡張し，血液循環を促進して疲労回復と皮膚の活性化，保温に役立ち，気持ちも落ち着かせます。入浴

重曹（＝重炭酸ソーダ）は家庭の必需品

重曹は地球に優しく，安価で多目的に使える

① 入浴剤：血液循環の促進，疲労回復，神経痛，冷え性，肩こりに有効。保温と皮膚の活性化を図る
② クリーナー：台所・風呂・パイプ・室内・カーペット等の掃除
③ 脱臭効果：冷凍・冷蔵庫，食器棚，室内，生ゴミ，ゴミ箱，靴の中
④ 野菜のあく抜き：ほうれん草など

をもっと楽しみたい人はアロマセラピーの精油（エッセンシャルオイル）を使用すると，香りを楽しめます。リラクゼーションと感染症予防にも有効です。近年，日本アロマセラピー学会等が活動を拡充していますので，アロマセラピーはますます家庭に身近なものとして進出することでしょう。

◆ 銭湯のすすめ

　加齢しますと日常生活の諸活動が面倒になることがあります。面倒は老化の始まりですが，無理のない事情や入浴時の事故を考え，運動を兼ねて銭湯を利用することも賢明な方法です。

　銭湯の利点は①準備と後始末が要らない，②いつでも好きな時に好きなだけ入浴できる，③目的に応じて入浴方法を選ぶことができる，④他人との交流ができる，⑤交流を通じて自分ではわからない躰の異常を発見できる，⑥異常時の心配が少ない，⑦家と銭湯の往復や銭湯内の移動が運動の機会になり発汗等のエネルギー消費量が大きい，などです。

　短所は①お金がかかる（1人や2人の場合，利用方法によっては経済的です），②着替えや入浴用品等を持参しなければならない，などです。

　しかし，1人や2人暮らしの場合，銭湯は運動やまちの人びととの交流を兼ねる"まちの社交場"ですし，情報交換の場としても大切です。人と関わって成長する有効な機会でもありますので，水道・光熱費や掃除の手間などを総合的に考えて，その方が良ければ利用することをお勧めします。

◆ 洗身と洗髪

　老化が進行しますと皮膚の細胞の水分が減少して皺が多くなり，頭髪・陰毛・産ぶ毛もやせて細く白くなり，抜けやすくなります。さらに皮脂の分泌量が減り，皮膚がカサカサになってきます。洗身と洗髪を通じて皮膚の活性化を図り，清潔を保持することは，爽快感も伴う，若さを保つ大切な方法です。

（1）洗身

　人によっては硬いブラシで躰を洗いますが，皮膚を傷つけ感染症をまねく恐れがあります。皮脂の潤いを保ち，同時に皮膚の清潔と感染症を防止できる最良の方法は，両手で石けんを泡立たせて，その泡立ちを両手で塗るようにして顔→首→胸→背中全体→左右の肩→左右の腕→左右の1本1本の手指と指の間→腹部→陰部→臀部→左右の下肢→左右の1本1本の足指と指の間・足底をくまなく丁寧にゆっくり洗うやり方です。角化のある踵は軽石で擦り，その後に石けんを泡立たせた両手で揉むようにして洗います。

　ブラシを使う場合は，30㎝ほどの柄のついたブタ毛ブラシが適当です。皮膚に優しく，柄が長いと，両手で躰中を洗うことができます。

　いずれの場合も，自宅の浴室で両手で全身を丁寧に洗うことは起立や座位，前屈みや交互に両手を背中へ回すなど，筋群の運動，関節の可動促進など，全身の運動になる絶好の機会です。

　そのため，鼻歌を口ずさみながら，楽しんで丁寧に洗うことです。その過程で，肌の状態，手足の爪の色，白癬（水虫）の有無等，全身の皮膚の状態を観察することも大切です。

（2）洗髪

　はじめに，①頭髪を毛根から毛先に向け上下にブラッシングする，②お湯をかけてホコリを流す，③両手で石けんを泡立たせる，④たっぷりの泡立てた石鹸液を両手で，毛根から毛先にかけて上下に塗るように丁寧にマッサージをしながら，ゆっくり力を入れることです。

　頭皮は，汚れが落ちるように十分な指先マッサージをします。頭髪全体を良くすすいで，乾燥させます。リンスは，自家製アロエ水を併用しますと，毛髪の栄養に良く環境にも優しいです。

> アロエ水（全身の美容用）
> ①アロエ（キハダアロエ）100g
> ②35％ホワイトリカー300ml
> ③グリセリン10ml
> をガラス瓶に入れて3カ月冷所保存。小瓶に入れて躰全体に使用できます。

（3）アロエ水で全身マッサージ

　全身をタオルで拭いた後は両手にアロエ水をのせ，叩くようにマッ

サージをしながら全身に塗布します。とくに両手の指の間，両足の指の間や踵は念入りに塗布します。アロエ水の薬効と保湿効果で滑らかな皮膚を保つことができます。とくに夏の両足指の湿潤は白癬（水虫）に罹りやすいのですが，アロエ水はこのような感染症予防にも有効ですので継続して使用することが大切です。

2 半身浴，シャワー，足浴・手浴，薬草

効果に応じていろんな入浴の
パターンをためしてみましょう

　半身浴は浴室を温めてから上半身にバスタオルをかけ，洗い場で使用するいすを浴槽に入れ腰掛けて腰部から下肢だけ入浴する方法です。

　半身浴は心臓への負担が軽いので，呼吸器・循環器疾患のある人におすすめの方法です。半身浴は腎臓・腹部・下肢を温めますので，血液循環を促進して排便・排尿を促し，腰痛・膝関節痛や歩行に問題がある人に効果があります。全身の入浴より10分ほど長く時間をかけますと，発汗を促して，皮膚から躯内の老廃物が排泄されるのに大変有効です。湯上り時はやはり躯をよく拭いて，アロエ水で全身を叩くようにマッサージします。

　毎日の入浴は疲れると言う人には良い方法ですが，発汗の多い夏はともかく，発汗の少ない冬は皮膚から汗として排泄されるべき老廃物が十分排泄されず，肝臓に負担がかかりますので，全身浴・半身浴を組み合わせて利用することが躯に優しい方法です。

　シャワー浴は，入浴時の湯温より熱めの42℃位にして①床や壁にシャワーして浴室を温める，②シャワー圧を高めて躯全体の皮膚を叩くように，ゆっくりシャワーする。皮膚を刺激して皮膚温を高めて血液循環を促進する，③石けんを両手で泡立たせて泡立った両手で全身をくまなく洗う，④シャワー圧を高めて全身の皮膚を叩くように，ことに両手・両足の指の間はシャワー圧で刺激をしながらくまなく手指で洗い汚れを落とす（白癬＝水虫予防），⑤浴室内で全身を拭いてアロエ水を全身，

とくに両手・両足の指の間には丁寧に塗布する。①〜⑤の順序を浴室で済ませてから脱衣場で着衣しますと，体温が保持できますので湯冷めしません。そして清潔な5本指靴下を履いて保温を忘れないようにしましょう。

　全身浴をしない日には，手にこわばりのある人や冷え性・むくみ・指先のほてりのある人は寝る前に足浴や手浴を行いますと末梢の血液循環を促進して全身の血流を改善することができるので，安眠を得やすくなります。

　まず，湯温を保つため，あらかじめポットに追湯を準備しておきます。

　手浴の場合は，洗面台に洗面器を置いて，いすに座ります。

　足浴の場合は，床にバスタオルを敷いて洗面器を置いて，いすに座ります。いずれの場合もやや熱めの湯（42℃位）を入れ，重曹または天然塩を大さじ1杯入れて10分ほど行います。そして，両手を使って足の指の間を十分洗い，指先をつまんでマッサージをします。手浴の場合は，片方の指先を一方の手指で爪を挟むようにつまんで刺激をします。

　いずれの場合も血液循環を促し脳を刺激して安眠につながるので，運動としても良い方法です。

　菖蒲，ゆず，枇杷の葉，りんごなど，古くから季節に応じて湯に入れる習慣が残っている植物は薬草としての効果があります。季節感を楽しむこともできるので，入浴が楽しくなり，鎮静効果も大きく，リラックスできます。湯温は熱め（42℃位）にして薬草や果物を入れ，40℃位になってから入浴するのが良い方法です。

3 爪切り・耳垢掃除と理美容院からの往診

指先や耳の清潔は意外に
見おとしやすいものです

　入浴後は爪も柔らかく切り易い状態です。しかし夜間は危険なため，日中の時間のある時に，足浴・手浴をしてから爪を切りますと安全です。

　耳の掃除は，自分で出来ない場合は理美容室へ行く際に依頼してやっ

てもらいますと安全です。耳に傷がつくので危ないと考えて耳の掃除をしない人が急に耳が聞こえなくなったので耳鼻科に受診したところ，耳垢であったと言う事例もありますので，定期的に耳掃除をしなければなりません。

　加齢して，眼の具合が悪く，手・足指の爪切りや耳掃除が苦手になった場合も，理美容室に電話で依頼しますと，往診で髪のカットや顔の剃毛や爪切りに来てもらえます。

　さらに，デイサービスによっては実費ですが理美容室コーナーを設けているところもあります。自分自身を装うことは若さを保つ秘訣であり，同時に他者へのエチケットですので，定期的に利用するようにしましょう。

注
（1）石原結實著『「体を温める」と病気は必ず治る』三笠書房，2003年，表題。

10章 聴覚・視覚と対人関係

よく聞き見ることは
コミュニケーションの
第一歩です

1 ラジオ・TVで，視覚・聴覚の元気度確認

目や耳の働き，うまく
確認できますか

　躰の機能が低下する速度は，個人差が非常に大きいようです。
　しかし多少の差はあっても，高齢者の一般的な傾向として，自覚の有無にかかわらず，①平衡感覚，②聴覚，③歩行，④視力，⑤会話の順に機能が低下します。
　日常生活における家族・友人との関係や，買い物・金融機関・医療機関への行き帰りや散歩のおりの対人関係で「挨拶をしたのに返事がなかった」とか「挨拶したのに無視された」など誤解の生じることが起きてきます。
　その原因は，聴覚機能の衰えによる聞き取り能力の低下です。加えて，判る・判らないという問題も生じてきます。
　また視覚の場合，視力が弱くなり，人物や物の形にぼやけや歪み生じ，

色の見分けが困難になり，視野も狭くなります。

　いずれの場合も，自覚の無いまま受動的コミュニケーション行動や相手を"無視する"という結果になって対人関係に影響し，日常生活で孤立していく要因となってきます。

　家族のある場合は，日常生活のなかで，指摘を受けて気づくことが多いようです。

　しかし，1人暮らしや高齢者夫婦の場合，自分では気づきにくいので，自分自身で躰の機能や状態を自覚的に把握し，日々の生活に反映することが，健やかに暮らす秘訣であるようです。

　自宅において簡単にラジオや TV を使って視力・聴力を測り，その結果に前向きに対応しましょう。

◆ 聴覚の元気度について

　室内で，食卓やテーブルを挟み，配偶者や家族，訪問者と対面して会話する場合，姿勢を正して飲食や会話が無理なくできれば，聴覚に問題はありません。

　1人暮らしの場合や高齢夫婦の場合は，ご近所や友人を招いてのティタイムや食事会の折に協力してもらうと，交流を深める良い機会にもなります。

　普段通りのリラックスした時に，自分はラジオ・TV をどの位離れてたとえば，①食卓に座った位置から，②居間で座った位置から，どの位の音量で聞いているか等を意識して左右を別々に調べ，数値を日記またはカレンダーに書いておきましょう。それを年2回位（誕生日や正月など決めて）調べますと，自分の聴力の測定ができます。

　聴力障害の多くは高音部を聴くのが難しくなりますが，内容は番組によって異なりますので，"定時のニュース"と決めておくと測りやすくなります。

　前述しましたが，普段から理美容院に行った際に耳掃除を必ず行ってもらうことも大切です。そして，聴力の低下に自覚のないまま，耳をそばだてる，顔を右側または左側に傾ける，聞き耳に手を当てる，顔を近

づけて聴く姿勢になるようになった場合は，一度かかりつけの内科医に受診し内科的な問題がないことを確認できたら，耳鼻科を紹介してもらい受診することが賢明です。

　程度の差はありますが，難聴を自覚した場合，対人関係において気をつけることは，①微笑みを持って接する，②対面者に対して，姿勢を正し，ゆっくり相手の眼を見て，十分な時間をかけて応対するように心がける（相手もしっかり対面する姿勢に変化するのを待つ），③対面時に，相手の話す内容を，ゆっくり確認して理解し，もし理解ができない場合は，あいまいにせず聴き直して，会話を進める，④余韻を残すように心がけた会話で終えること，です。

　いつ，だれに，どこで世話になるかわからないことに気を付けて，いつの場合も"一期一会"の精神で，だれとも対等に対話することが肝腎です。

◆ 視覚の元気度について

　介護保険制度の認定調査では，十分な明るさを確保した室内で視力を判定します。その基準は1～5段階で測り，「1」の基準は，新聞・雑誌などの文字が見え，日常生活に支障がないことを普通と見なします。「2」は約1mはなれた視力確認表が見える，「3」は目の前に置いた視力表の図が見えるです。「1」～「3」を"見える"とし，それ以下を"見えない"と判定しています。

　したがって，十分な明るさを保った室内で，聴力・視力に良い距離である2m離れた場所に座り，TVを見る時の状態を，この基準に照らしてみれば，自分自身の視力を知る目安になります。

◆ まず，かかりつけの内科医，紹介状により専門医へ

　視力の低下は老化が原因ばかりではなく，栄養不足（ことにビタミンA，Eの不足），眼筋のトレーニング不足，長時間のTV観賞，睡眠不足，戸外の日光浴や運動の不足などで眼精疲労が重なって起きてくることがあります。

　自分自身の日常を振り返って栄養や運動の改善を図り，それでも視力

低下が改善しないようなら，かかりつけの内科医に受診し，内科的に異常がなければ，眼科専門医などへ紹介状を持って受診します。

いきなり耳鼻科・眼科に受診するのではなく，かかりつけの内科に受診することを勧めるのは，すべての症状は血液循環をめぐる内科的な問題の結果であることが多いからです。

そのため，まず定期的な受診によって，あなたの躰全体の状態変化を記録・把握している内科医に受診して，判断をしてもらうのが良い方法です。

したがって，かかりつけの内科医は，気軽に受診でき躰全体をじっくり"手当て"をして診察して判断し，十分な説明によって納得できた状態で処方をする医師を選ぶことです。もし，疑問がある場合は，セカンドオピニオンを求めることも大切です。

健やかな暮らしを続けるための大きな財産の1つが，かかりつけ内科医・歯科医です。

2 自分から挨拶して，脳の活性化と「貯蓄」
気がついたら一人でいるということありませんか

90歳の高齢者で「かかりつけの内科医から，1日3人以上の人と喋りなさい」と言われてきましたと，まちの縁側「クニハウス」(1)を訪れて，談笑していく人がいます。

認知症の人が，グループホームで回復する一番大きな要因は，専門的介護者の対応や集団の対人関係のなかで対話する機会が増えることです。しかし，なによりも大きな要因は，日常の生活リズムの調整，団欒のなかでいただく十分に栄養のある三度の食事，日中の趣味活動や運動，十分な睡眠による脳の活性化にあることを忘れてはなりません。

家族がいても1人暮らしでも，高齢者は日中は1人でいることが多いのです。3世代家族であっても，食事の好みや時間帯のずれによって，一つ屋根の下でも孤食状態の高齢者も多くいます。

10章　聴覚・視覚と対人関係

このような状態は，いつの間にかTVを受動的に見て過ごすことにおちいり，疑心暗鬼になりやすく，被害的言動も生まれ，躰の機能が低下していきます。それらに連動して生活機能も低下します。

　最近の脳科学は，脳を活性化するには，十分な栄養・運動・睡眠のバランスを確実に取るとともに，人間が人間らしく生きるには対人関係を保ってよく喋ること，良く噛むことで，脳の隅々まで血液からの栄養補給をし，酸素不足のないようにすることを勧め，それは認知症予防にもつながると強調しています。

　したがって，できるだけ毎日，①ラジオを聴き，メモを取る，②TVを観て，メモを取る，③庭やベランダの植物と会話して手入れをする，④親戚・友人に絵手紙や手書きの便り（広告の裏紙やカレンダーの裏を使用して便箋・封筒を作る）をこまめに出して，人との関係を強め，信頼関係でつながる人（儲＝信じる者）を蓄える，⑤近所や友人と月回りの食事会を作り，手料理を披露して歓食する，⑥喋る相手を作るため，外出先を計画する，などを実行します。

　たとえば，食材をこまめに近所の専門店に買いに行き，作り方を教えてもらう，また季節や日時に応じて午前・午後に神社・仏閣・公園の散歩や書店・縁日・デパート巡りをするなど，両手・両足を使い，運動を兼ね，喋る機会を増やす工夫が重要です。

　近年，ボランティアやNPOをはじめ，行政もまちづくりに力を入れています。したがって，社会資源を知らない場合は，市町村の窓口や地域の商店に買い物のおりや郵便局などで尋ねると教えてくれ，また，勧められることもあります。

　したがって，"一日一生"と思って，日記と明日の計画準備を怠らず，いつも謙虚に微笑をもって，0歳から高齢者まで，まず先に，自ら挨拶の声かけをすることが，脳の活性化による認知症予防の第一歩であり，人との交流を増やす「儲蓄」になるのです。

注
（1）ボラアンティア運営・多目的福祉施設「クニハウス」（名古屋市千種区高見1－8－23）

11章 こまめな手足の使用と「貯筋」による転倒・骨折防止

筋肉をキープする
ことが若さのキープに
つながります

1 正しい姿勢の保持

正しい姿勢が神経を活性化
するってすごいことです

　人間は2足直立歩行の宿命を負っていますので、前述のように脳の活性化には動物に比べて5倍の血液を脳内へ送る必要があります。十分な栄養と睡眠、正しい呼吸法、両手足を使って日中6～8時間の労働と運動をすること、そして毎食事時、1口30回は噛むこと。チューインガムや硬いおやつを意識的に噛んで補うことが、健やかな暮らしと認知症予防の重要な鍵であると述べました。
　もう1つの重要な鍵は、何歳になってもつねに姿勢に気をつけ、正しい姿勢で歩くことを意識して生活することです。

◆ なぜ，正しい姿勢が重要なのでしょう

　その回答は、「一つひとつの背骨から脊椎神経が出ていますが、その

脊椎神経と自律神経が椎間孔付近で節をなして情報交換をしている」[1]ため，躰全体の諸機能と脳・脊髄神経を繋いでさまざまな伝達を調整し，影響し合い，「脊椎が人間の生命を基本的に維持している」と言われ，正しい姿勢が重要なのです。そしてさまざまな症状は，「脊椎異常と各疾患の関係」（50頁参照）のとおり，脊椎の歪みの結果であるからです。

基本的な人間の動きとして，姿勢の種類は，（1）立位，（2）座位，（3）臥位があります。

(1) 立位の場合

左右の骨盤が床と水平で，脊柱が真直ぐ仙骨部位に収まるような姿勢で，両足で大地を踏みしめるように立ち，歩くことです。

安定した姿勢を保持して，両足をできるだけ広げ，大またに平行に踵から踏み，つま先が大地を踏んだら踵を上げます。この繰り返しによって歩きますが，基底面積を広げ，重心をできるだけ低くして安定させることが大切です。

(2) 座位の場合

頭部が正しく頚部から腰部までの脊柱が真直ぐに骨盤まで行き，骨盤が床と水平であって，まっすぐ傾斜した下肢が伸びて，膝関節を曲げます。リラックスにはあぐらが良い方法ですので，女性でも座位の場合は，スカートで被うか，スラックスの場合は，一言断って座りますと，安楽で血液循環の負担が軽くなります。

(3) 椅子に腰掛けて作業をする場合

はじめに，座る椅子を自分自身の靴底の裏全体がしっかり床に着き，両下肢の大腿部に圧力がかからない高さに調節することが大切です。調節できない椅子の場合は，座布団を重ねて適切な位置に調節します。

また，手が机から離れて浮いた状態を続けていますと，手の重量が肩や腕にかかり疲労の原因となりますので，机に向かい椅子に腰かけて作業をする際は，両上肢の上腕と前腕の角度を90度以上にすると疲れが分散され，良い方法です。

(4) パソコン等の機器を使用する場合

いすと机の高さは（3）と同じように調節します。そして画面の高さは，腰掛けた時に上端が眼よりやや下になる位置の高さ（10度以内）です。その位置は，顔を正面にして顎を引いた姿勢になる高さです。

始める前に，画面のホコリを掃除します。そして，画面と眼の距離は40cm以上を確保し，眼の疲労をできるだけ少なくするため，画面の輝度（コントラスト）を下げて，光刺激を弱くして使用します。室内の照度も暗くすると疲労感が少ないのです。

適度な休止時間（1回の連続作業時間は1時間を越えない[2]）を作って，休憩をとり，躰の柔軟体操には立ち上って腰を伸ばし，腹式呼吸10回と屈伸運動をします。十分な手洗いの後，水で両眼を冷やすことは，眼の休養と躰への刺激になり，疲労回復と気分転換になります。

◆ 躰の良い使い方

立位・座位ともに，重心に応じた正しい姿勢を保持すれば，安楽であり，疲労が少なく，躰の負担が軽くなります。

正しい姿勢の保持に大切なことは，躰の左右の臓器をバランス良く活用（すべて対称にある脳，眉，眼，頬，耳，鼻，歯，肩，上肢，手，手指，肺，胸骨，乳房，腎臓，尿管，睾丸，骨盤，下肢，足，足指）することです。そして，頭部を支える両肩と脊柱を支える骨盤は，大地や床とつねに水平に保つことを意識して動作し，歩行することが大切です。

何歳になっても，健やかな躰を維持して暮らすには，何よりもまず，日頃から正しい姿勢を意識的に保つことが重要です。

2 足に合わせた靴と安全な歩き方
あなたのくつはちゃんと
合っていますか

◆ 足に合わせた靴の製作

足は"第2の心臓"と言われますように，人間は2足直立歩行によって前頭葉を発達させてきました。足の保温と安全に必須である履物は，

歩くための道具であり，時代によって変化し，洋服が主流になった現代の日本人は靴を履くことが一般的です。

ところがほとんどの人は，躰の健康を左右する大切な道具である靴を，自分自身の足に合わせて履くのではなく，自分自身の足を既製靴に合わせて履いてきました。その結果，俗にハイヒール病と言われる外反母趾，偏平足，陥入爪や魚の目・タコに代表される足の変形や障害をもたらし，変形が進みますと，足指の腱がずれ，神経を刺激して痛みを生じ，血液循環も悪くなります。

多くの高齢者は，歩行が不自由や困難になってリハビリテーションが必要となり，整形外科医や理学療法士の勧めで，やっと自分の足に応じた靴を作り始めるのです。

本来，歩く道具である靴は，健康に最も大切な生活必需品として一人ひとりが異なる自分の足の構造（厳密には左右も異なる）に合わせて作るのが基本です。幼少時から足の発達に応じて，シューフィッター（その人の足に合わせて靴を仕上げる職人）に自分の左右の足を測定してもらい，安定していて履き心地が良く，歩行時に安全で滑らない靴を用途（通勤用，お出かけ用，散歩用，雪や雨用）と季節に応じて作るのがもっとも良い方法です。

正しい姿勢と安全な歩行を保つ靴は，健やかに快適に暮らすための必需品です。

高齢になって，シューフィッターに依頼して靴を作る場合，医師による外反母趾や偏平足の診断書を持参しますと，健康保険の適用により費用負担が軽減するので活用しましょう。

◆ **安全な歩き方のポイント**

（1）お出かけ前に

玄関の鏡の前で，季節に応じた服装（滑り止め靴下を履く）と滑らない靴を選び，万歩計をズボンかスカートのベルトにしっかり固定し，正しい姿勢を確認します。

若い時のようにつま先を蹴り踵で着地する歩き方はできなくなり，加

齢して平衡感覚や運動機能が低下してきますと，歩幅が小さくなり，足を上げる高さも低下して，前屈みのすり足に近い歩き方になりやすくなります。

　その結果，床上のカーペットの縁やじゅうたん敷きの床でつまずき，転倒し，捻挫や骨折が起きてくるのです。さらに，舗装のくぼみや砂利道などで足を外側に挫きやすくなり，捻挫や骨折になりやすいのです。

（2）加齢しても安全な歩き方

　歩き始めの幼児を見習って，できるだけ歩幅は広く，大またで膝関節を広げることを心がけ，はじめに踵でしっかり着地してから，つま先を下ろす。この繰り返しをしながら，少し早足に歩くことを心がけることが肝腎で，安全な歩き方です。

　歩く姿勢は，顎を引き，真直ぐ前を見て，背筋を伸ばして胸を張ります。左右の骨盤に脊柱が中心になるように重心を落とし，両足は重心・骨盤に平行に歩みを進めて，上体をゆすらず，両肩，肘の力は抜いて腕を歩幅に合わせ，両手を軽く振って歩くことが大切です。

（3）荷物を持つ時

　躰のバランスを考えますと，リュックサックがお勧めです。バッグの場合は，幅広の紐のついた物を選び，片方の肩に架けて，斜めに反対側に下げて持ちます。

　さらに，荷物の多い場合は，荷物を2つに分け，両手で下げて持つように工夫すると躰にかかる負担が分散し，肩こりや疲れが少なくなります。そして，3つ以上に小分けしますと，置き忘れやすくなりますので，荷物は2つまでにするのが賢明な方法です。

3 「貯筋」のすすめ

こまめに体を動かすこと，あたりまえのようで
むずかしい大切なことです

◆ 日常生活でこまめに手足を使うこと

　ドイツの生物学者ウィルヘルム・ルーは，人間の躰は，①使わないと退化する，②使い過ぎると萎縮する，③適度に使えば発達する，という3原則を提唱し，今日では，スポーツ分野ばかりではなく，生理学に基づく健康維持の原則として，体力の増強や筋肉の過負荷に対する適応に広く使われています。

　加齢につれて大きな問題となるのは，日常生活の諸動作が，天候やささいな変化によって面倒となって，動作や活動を控えることから，老化が促進されることです。

　個人的な経験（66歳，1人暮らし，運転免許無し，1階・3LDKマンション）ですが，「自炊」を原則とした日常生活で，いつも万歩計を携えて，1日1万〜1万5千歩を目途に，こまめに手足を使って家事・家政を行い，努めて歩いています。特別なスポーツや散歩はしていません。そしてつねに意識することは正しい姿勢の保持，1日に腹式呼吸10回（座位・起立において腹部でしっかり呼気・吸気を行うと万歩計は計測します）を3セット以上することと，踵からの歩き方に注意し，どこへ行くにも階段を利用しています。年2回の定期健診では「異常なし」です。

（1）ある日の万歩計

　午前5時30分，起床し，ベッド上の3つの運動（57頁参照），蒲団の上げ下ろし，室内の換気，歯磨き・洗面，水分補給，ベランダで腹式呼吸・体操，ラジオを聞きながら昨夜に準備した食材に合わせてしっかり調理，音楽を聴きながらリラックスしてゆっくり朝食，歯磨き，後片付けと掃除，室内とベランダの植木・鉢植えの手入れ，洗濯・マットを立てて通気し，マットレスパッド・シーツ・上蒲団干し。リラックスしてティタイム（お抹茶と一口チョコレート）とする。自宅から3分歩いて

"クニハウス"でボランティア活動を午前10時～午後4時まで行い，帰宅して手洗い・うがい。蒲団・洗濯物を取り入れ，洗濯物の片付けとベッドメーキングの後，夕食用の買い物のため500m先のスーパーまで徒歩で往復し，料理して夕食を摂ります。後片付けと歯磨き，明日の準備の後に夜食（100％ココアに蜂蜜と熱湯）を作り，リラックスして飲みながら新聞を読み，TVを観ます。入浴準備をして午後10時入浴。入浴後，洗面所で歯磨きやお休み準備をし，寝床で読書と就床時の体操・腹式呼吸の後，仰臥位で眠ります。これで万歩計は1万2293歩でした。

　ボランティア活動をしない日は，友人と一緒に，または一人でデパートや美術館・音楽会に出かけます。こまめに手足を使い，正しい姿勢で歩行して，友人とおしゃべりしながら行動しますと，1万2千～1万3千歩は確保できています。

　月に一度，資源ごみを出す日は，日中に読書やTV観賞や手紙を書き，果実酒作りやベランダの植木・花の手入れと日用品を薬局へ購入に行き，近くの喫茶店に午後3時のティタイムに出かけます。夜，友人と外食する日は，8～9千歩です。

　したがって，高齢になって，早起きと自炊を原則とする日常生活で，家事・家政とそのための食料・物品を外出して購入している人は，食事時にゆっくり，しっかり嚙んで（1口30回を目途に）いただき，友人や仲間との外出やショッピングで歩くことを心がければ，だれでも厚生労働省の"お勧め1万歩"はクリアします。

（2）運動習慣と1日の歩行

　個人的経験から言いますと，こまめに手足を動かして行う日常生活を，すべてにおいて行えば，約1800kcalは消費できます。

　しかし，1日の摂取エネルギー量から日常生活消費エネルギー量を引いた分だけ肥満となって蓄積しますので，加えて身体活動としてエネルギー消費を図ることが必要になってくるのです。

　図1のように，運動習慣者の割合は70歳以上の男性が，一番高い結果となっています。しかし，女性は，日常生活を通じて消費するため，運動を必要としないことも考えられますが，各年代のなかで3番目に高

いにもかかわらず，70歳以上になりますと1日の歩数が男女とも2000歩以上も減っていることです。

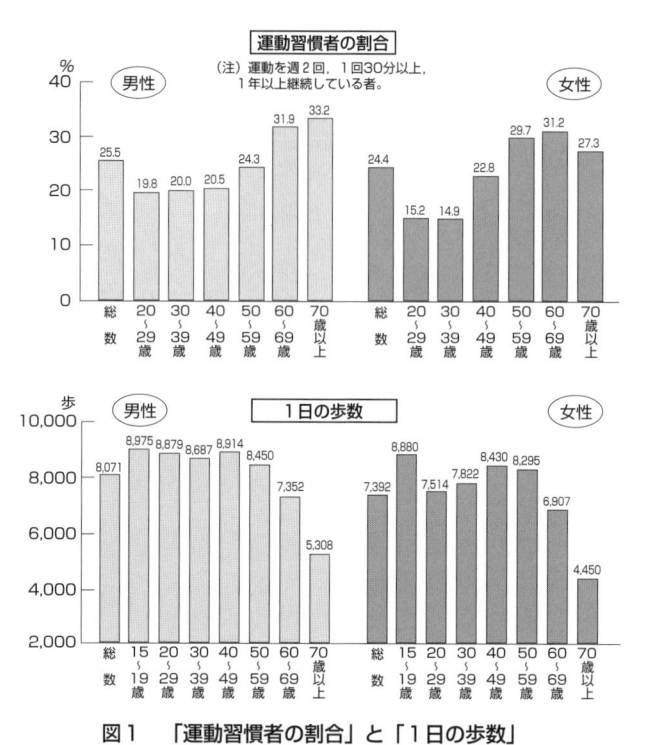

図1 「運動習慣者の割合」と「1日の歩数」
出典：厚生省保健医療局『国民栄養の現状　平成10年国民栄養調査結果』
『厚生白書　平成12年版』ぎょうせい，2000年。

　これは明らかに，日常生活において何らかの理由で家事・買い物を減らしていることに原因があるのではないでしょうか。
　人間は生まれながらにして，2足直立歩行の宿命と「つ」あり時代から，日常生活機能の自立が基本ですし，とりわけ自炊できることが重要であることを徹底して家庭や学校のなかで教えることが，今後重要な課題となるようです。
　高齢者で3世帯家族や高齢者世帯の場合は，できるだけ調理や掃除などは，一緒に行うか，交代で担当し，それができない場合は，ペットを

飼って世話することや起床時から朝食時までの時間帯や午後の運動に連れ出して，ともに散歩することや，まちの掃除ボランティアをすることも良い方法です。ペットが飼えない場合は，近所の神社，仏閣，公園までの散歩，そこで催されているラジオ体操や清掃行事に参加することで運動を確保することも「貯筋」に良い方法です。

　いずれの場合も，日光浴や運動によって，躰の体内時計や免疫を活性化し，気分転換になり，行き交う人との交流もできて「貯筋」につながる良い方法ですので，活発に身近なところで方法を見つけて，工夫しながら取り入れることが大切です。

◆ 後期高齢者になったら

　後期高齢者は，ふらつきや転倒を恐れて閉じこもりがちになる年代です。そのため，恥ずかしがらず，思い切って杖・ショッピングカートを活用してみましょう。

（1）杖の利用

　神社・仏閣を参拝する階段の上り下り中に，杖を買い求めてしまうことがあります。

　基本的には，一人ひとりに合わせた杖の長さの測定を整形外科医や理学療法士等の専門家に依頼して作成するのが一番躰に優しく安全な方法です。また，安全のためだけではなく，杖もおしゃれの一部としてお気に入りのものであると満足感が得られ，若い気分を保つために大切なことでもあります。

　その場合，杖を手で握り，正しい姿勢で無理なく歩くには，骨盤の一番高い部位（腸骨棘）と同じ高さを選ぶのが良いのです。服装の一部として杖を利用すれば，安心と安全を保ちながら満足感のある外出を楽しむことができ，結果として行動範囲が広がります。バス・地下鉄・電車内でもバランスが取りやすく，転倒の危険も少なく，さらに健康にも良い方法です。

（2）ショッピングカートの利用

　いろいろな商品が出回っています。大切なことは，①正しい姿勢で無

理なく歩くことができ，楽しくなるカートを選ぶこと，②安全を考慮した荷物を入れるスペースのあること，③歩行中にいつでも座って休むことができる椅子付きであること（まだ早いと思っても），④軽くて操作が簡単で，滑らないこと，⑤階段昇降時や電車・地下鉄・バス内で折りたたみが簡単にできること，⑥車輪がエレベーターの出入りの際に安全であること等を基準にして選び，利用して行動範囲を広げて活動することが大切です。

また，使わない時は玄関先に置きますので，災害時の持ち出し用品を入れておくのも良いでしょう。

（３）高齢期のドライバー

65歳以上の高齢ドライバーの死亡事故が増加していますが，自分は大丈夫だと自信過剰の人ほど，事故を起こしやすいそうです。

道路交通法で，70歳以上の人は，免許更新時に公安委員会指定の教習所で，動体視力検査，運転適性検査及び実車教習の高齢者講習の受講が義務づけられています。

標識の見落としなど，認知機能の低下，とっさの動作や複雑な動作が円滑にできないなど，身体的な機能の低下の自覚があった時は，直ちに，"転ばぬ先の杖"の諺とおり，いさぎよく運転免許を返上することが肝要です。

◆ いくつになっても「貯筋」を実行

人間の骨盤は，脊柱を支える役目を果たし，股関節で下肢とつながって，動作の起点になっています。そして，筋肉の両端に腱が付き，その両端の腱は，関節を通り越した先の骨に付いて，それらの腱は靭帯となって機能しています。そのため，ほとんどの骨格筋は骨を挟んで一対となって，交互に収縮と弛緩を繰り返して上向き運動と下向き運動を支えて働いています。背骨と骨盤を支える各部の骨格筋（ことに腹部）の筋力が衰えますと，背骨が曲がること（猫背）や骨粗しょう症になってきます。

「宇宙飛行士はもっとも生活習慣病にさらされる職業」[2]として「無重力下では骨格筋に負荷がかからないので必然的に骨の破壊・再合成（新

しい血液を製造するために必要）のバランスが崩れ，骨量の減少（カルシウムの放出）が起こります。ごく最近の完全休養実験では，わずか7日間で健康な人の筋肉の糖代謝が顕著に低下して，軽度の糖尿病になることが明らかにされています」[3]と，生活習慣病防止における運動の重要性を説いています。

そして，なぜ「貯筋」が必要かといいますと，エネルギーの基になるブドウ糖は，健康な人の場合，血液中に0.1％ほどしか蓄えることができません。そのため，肝臓でブドウ糖をグリコーゲンに変えて肝臓や筋肉に蓄えているのです。したがって，筋肉にグリコーゲンがたくさん蓄えてあればあるほど，運動によってブドウ糖を消費する際，血液中のブドウ糖が不足しても筋肉がグリコーゲンをブドウ糖に戻し継続的にエネルギーを補給する仕組みになっていますので，元気が持続するのです。

どんなに加齢しても，こまめに手足を動かしながら日常生活の諸機能を行うと同時に，室内で行う後述の"ストレッチ体操"や，つねに外出の機会を多くして歩き，階段を昇降して運動に励むのが，健やかに暮らす秘訣です。

(1) 心拍数と運動強度

長時間の歩行や運動をすると息苦しくなることは，だれでも経験することです。

他にも高熱時や肺気腫での息苦しさや，高山に登った際に認知症状が出た場合など，身近な人の間や新聞記事で問題になっている高齢者の息苦しさの症状は，血液の循環が追いつかず酸素不足が招いたものです。

表1　運動強度と心拍数

運動強度（％）＝（運動時心拍数－安静時の心拍数）÷（220－年齢－安静時の心拍数）
〃　40％（心拍数100～105）：非常に楽に感じ，物足りません。
〃　50％（心拍数110～115）：楽な感じです。喋りながら続けられます。
〃　60％（心拍数120～130）：汗は出ますが，まだ余裕があります。
〃　70％（心拍数135～140）：ややきつく，汗びっしょりとなります。
＊心拍数＝心臓がポンプとして働く回数のことで，1分間の脈拍で測定します。

出典：石川恭三監修『ライフスタイル改造計画』東京法規出版，2004年，19頁を丹羽改変。

そこで身体トレーニングをする前には，筋肉をたくましくするために，十分に栄養のあるバランスの取れた食事（良質なたんぱく質，メガビタミン，スカベンジャー：9頁参照）を，じっくり嚙んで摂ることが肝腎です。

そして，運動強度を目安に，ストレッチ体操やウォーキングをすることも大切であり，病気のある人は，必ず，かかりつけ内科医に運動強度の目安を確認して行うと安全です。

(2) ストレッチ体操で筋力アップ

いつでもどこでも手軽に無理なく実行できることがストレッチ体操の利点です。しかし，住まいや地域の環境条件は異なりますので，身近に，自分自身に合った方法を探して実行することが賢明です。

表2　簡単にできるストレッチ

①平衡感覚を磨くために，両手を平行に広げて伸ばし，片足でバランスを取り，安定したら，交互に繰り返す。
②平衡感覚を磨き，足の筋力をアップするために，両手を腰につけ，片足をあげて30秒。交互に繰り返す。
③腰痛対策に，背筋を伸ばして，片手を広げて水平に壁につき，片足を90度回して，腰をひねる。交互に20回する。
④肩こり防止に，立位・座位で，顎を引き，正面を見て，脊柱を伸ばして姿勢を正し，腹式呼吸で鼻からゆっくり空気を吸い，腹を膨らして呼吸を止める。肩があがらないように首を横に倒して鼻からしっかり空気を吐き，お尻をしめるまでじっとする。反対側も，同じようにする。さらに，頭を前と後ろに倒す場合も同様に腹式呼吸を取り入れて行い，繰り返す。
⑤ふくらはぎの筋力と背中の伸展に，食卓に両手をつき，腰を曲げずに，両足を床につけたまま，躰をできるだけ斜めにするようにあとに下がる。つねに踵は床につけたまま，顔を天井に向け，胸を反らして背中を反らす。
⑥大腿と腹部の筋肉トレーニングに，トイレで用を済ませて洋式トイレから立ち上がる時，腰を浮かした状態で静止する。これを数回繰り返す。
⑦浴槽内でしゃがんだ姿勢で，上肢を水平に伸ばしてからゆっくり両手を胸の前で合わせる，を繰り返す。膝を広げて浴槽の壁につけてからゆっくり内側に両膝を合わせる，を繰り返す。
⑧床に仰向けに寝て，腹式呼吸を用いて，両手で両膝を深く抱えて，お尻が浮かないようにして曲げる。鼻から息を吐きながらゆっくり伸ばす。これも繰り返す。
⑨床に仰向けに寝て，両手を頭の上に十分伸ばして組む。そして，全身でごろごろ転がることを繰り返す。
⑩椅子を利用して，背筋を伸ばして姿勢を正し，頭の後ろで両手を水平にして組み，そのまま起立と座位を繰り返す。

筆者は毎覚醒時と就床前の脊柱・腰痛体操（57頁参照），覚醒時・朝・昼・夕・寝る前や，眼の疲れた時の腹式呼吸10回，朝のラジオ体操をします。

　だれでも体調と気分に応じて組み合わせて，家庭で簡単に実行できる方法をつぎに挙げますので，自分に合ったものを選んで，ぜひいくつか実行してください。

（3）ウォーキング

　気分を華やかにして，交通事故防止のため，できるだけ季節に応じたカラフルなシャツやパンツを身に付け，運動靴を履き，出かける前に鏡で背筋を伸ばした正しい姿勢を確認し，ウォーキングに出かけます。(112頁を参照)

（4）スローピング

　近年，坂道や階段を利用した"スローピング"という運動法が広がっています。

　肥満だからと無理に行なっても長続きせず，かえってストレスになります。あくまで，地下鉄や電車を利用する際の昇降に階段を利用し，自宅に2階があれば階段を利用し，マンションならエレベーターを使わず階段を利用すれば，平地の2～3倍の効果が得られると言われています。

　個人的経験から言えば，ムリにやる必要はありません。無理にやればストレスになり，また酸素運動はやり過ぎても活性酸素を生み，がんや病気の原因になるからです。

　日常生活のなかで，身長と体重から適性エネルギー量を換算して，良質で十分な栄養を摂り，毎食事にじっくり嚙み，時々万歩計を使って自分の消費エネルギーを確認し，こまめな手足を使う家事・家政，気分に応じた家庭内のストレッチ体操，気分転換の散歩・外出時につねに背筋を伸ばす正しい姿勢を保って踵から大またに歩くことに心がければ，健やかな暮らしを保つことができるのです。

（5）装い

　老いても色香のある高齢者として"姥桜"を目指しましょう。装うことは気分を華やかにしてストレス解消になり，周りの人との楽しい出会いが期待できます。

服装は，できるだけ明るい原色や花柄を選んで楽しみましょう。また自分の好みの香りをアロマセラピストに相談し，自分に合った香りを発見して使うのも若さを保つ秘訣です。

　さらに，帽子や靴・鞄等のおしゃれは，いつも新しい自分の発見につながる楽しい機会で，躰の免疫機能を活性化します。経済的なことを考えるなら，まちに出て，若者が好んで利用するリサイクルショップに行きますと，眼を見張るような安い値段で，良質な品物を得ることができます。最近では，公園や縁日の境内などでのガレージセールやフリーマーケットも多くなり，これらも大いに活用できる社会資源です。

注
（1）丸茂真『背中は健康のバロメーター』山手書房新社，1994年，66頁。
（2）中央労働災害防止協会編『オフィスの安全と健康ノート』1996年，40頁。

12章 健康管理者としての私：資源の活用

自分の躰を
マネジメントするという
発想をもちましょう

1 保健所と健康手帳を活用しましょう

保健所が行くのにおっくうな
所になっていませんか

◆ 保健所を活用するポイント

　保健所は，老人保健事業として壮年期からの健康づくりをめざし，健康診査，健康教育，健康相談などを受けた40歳以上の市民に健康手帳を交付しています。

　そして，生活習慣病の早期発見に，循環器系を中心とした基本健康診査とがん検診を実施し，さらに転倒予防教室や骨粗しょう症予防健康診査としての骨量測定（骨塩定量検査）なども開催しています。

　厚生労働省研究班が岩手県二戸，秋田県横手，長野県佐久，沖縄県中部の4保健所管内で，40〜59歳の男女約4万2000人を1990年から13年間にわたり追跡調査した結果では，636人が胃がんになり，179人の死亡です。検診の有無は1990年時点で「過去1年間に受けた」と答え

た人の死亡率は、受けなかった人の0.52倍とほぼ半分であり、他のがん死も2割減少（共同通信2006年1月20日配信）と報じています。

市町村によっては、各世帯に「健康カレンダー」を配布し、保健所の日々の活動内容をはじめ、健康メニューや安眠方法など、高齢者でも一目で分かり、実行や参加ができるように配慮をしているところもあります。そのため、市町村の広報やお知らせを確認して、積極的に活用することが賢明です。

気になる時は、電話で実施日を確かめて受診することが重要です。たとえば、肥満などの悩みがある場合、電話で健康相談日を確認し、予約してから受診しますと、栄養士や保健師による生活指導を受けることができます。

保健所まではちょっと遠いという高齢者は、電話で依頼をしますと訪問指導に来て、必要な保健指導を行います。困った時は、まず保健所へ電話で問い合わせることが大切です。

加齢して抵抗力が低下してくる高齢期は、人混みや病院や診療所の待合室が細菌やウイルスに感染する機会になります。病院はできるだけ避け、まずは保健所の検診、ついでかかりつけ内科医・歯科医の順に受診するのが賢明です。

さらに、保健所は精神疾患等のある人と家族の支援も行っています。高齢者自身や周囲の家族や友人が認知症の疑いがあることに気づいた場合、保健所の健康相談や精神科病院の物忘れ外来を受診し、早期にリハビリテーションを開始することが大切です。

♦ 健康手帳を活用するポイント

健康手帳は病院のカルテ（診療録）に似て、身長・体重・体温・脈拍・血圧や備考の欄があり、自宅で自分自身の健康状態を記録できる冊子になっています。

はじめに測定方法や正常値がわかりやすく説明してありますが、わからないところは保健師の説明を受けて正しく把握しましょう。

健康手帳を記録し始めますと、これまでの日常生活で気づかなかった

食事のかたより，生活の歪みや運動不足などが把握でき，自分の健康の管理者は私である，つまり健康手帳はマイドクターであることを実感できます。

保健所に行かない高齢者は，かかりつけの内科医に受診をしますと，日記帳のように便利な健康手帳（無料）を利用することを勧められます。

かかりつけの内科医は，付録に「健康プラン記録表」として，「食生活改善計画」，「運動習慣改善計画」，「健康習慣改善計画」，「心の健康改善計画」，そして備考欄が月別に毎日記入できるようになっている「ライフスタイル改造計画」の冊子を配布して，説明し，自己管理を勧めてくれます。

たとえば，肥満傾向で糖尿病や心臓病の危険のある受診者に対しては，健康を自己管理する上で何に気をつければよいか，どこを直せばよいかを指導してくれます。やがて，日常生活における行動の変容につながり，記録が続き始めると日記を書くことも面倒にならなくなります。朝食後に昼の食事や明日の献立に立ち向かうことが容易になってきます。

肥満傾向の人の場合はカレンダーに体重や身長計測を記録しておくことも自覚を促す機会になります。日常生活における自分自身との闘いが苦にならなくなりますと，体調は良くなると考えて間違いありません。

一方，いつもマイナス思考におちいりやすく，気力が低下する場合は，食事に十分なたんぱく質，メガビタミン，スカベンジャー食品が含まれているか，運動不足はないか，便秘はないかを考え，さらに，口唇・歯肉・手足の爪の色や皮膚の状態を改めて確認する必要があります。

2 上手な薬の使い方とかかりつけ薬局
薬というものを一度
考え直してみましょう

◆ 医食同源と常備薬

加齢して躰の反応が低下してきますと，一人ひとりの躰の状態によって，感染症をはじめとした病気に対する躰の反応や発症の仕方が異なっ

てくる場合が多くなります。

　医食同源を実行している個人的経験（66歳）によりますと，外気の温度の高低を感じるのとは違って，全身の皮膚に直接，風（空気の流れ）を感じる時は，感染源である病原微生物が躰に侵入した段階と判断して，入浴を中止し，夜食の100％ココアをしょうがのすり下ろしに変更して，蜂蜜大さじ1杯と白湯をたっぷり入れて飲用します。就寝を1時間早め，発汗を促すために軽い蒲団を1枚多くします。

　寝る前の歯磨きとうがい時に，3％イソジン液（含漱液）を加えて十分うがいと手洗いをします。そして，白湯でアスピリン1錠を服用（かかりつけの内科医の勧め）します。お休み前の歌付体操と腹式呼吸10回，ニギニギ体操をして就床します。

　そうしますと，睡眠中に多量の発汗をして，朝食後は快便になり体調は回復します。

　つぎの朝，排便がなく全身の皮膚に風（空気の流れ）を感じる場合，歯磨きと3％イソジン液入りうがいと手洗いをしっかり行って，朝食後30分にアスピリン1錠を服用します。そして，食事時にたっぷりの果物・野菜と十分なたんぱく質を摂取します。

　平常どおりの活動をして，夜までに排便があれば発症までに至らず，回復します。

　したがって，薬はアスピリン10錠を有効期限内に一度購入するだけですし，2005年（1年間）の医療費はかかりつけの歯科医への定期受診時の歯石除去と検診の自己負担1200円の支払いのみで済んでいます。

　しかし，3年に一度ほど発熱や咳が出る時があります。直ちにかかりつけの内科医に受診して，処方された薬を服薬します。朝夕と日中や帰宅時の歯磨き・うがいと手洗いを少し軽視して食事や睡眠に入りますと，このように感染に至るようです。病は口から入ることは事実であり，全身の皮膚感覚を敏感にしておけば，病原微生物が躰内に入ったことも自覚できるようになります。

　注意していただきたいことは，薬の副作用です。たとえばアスピリンが躰に合わない人もいます。そのため一人ひとりがかかりつけの内科医

と相談し，躰に合った薬を選ぶことが大切です。

◆ 加齢と薬の効用とかかりつけの薬局

後期高齢期になりますと，免疫機能の低下や血管の老化によってさまざまな病気にかかりやすくなり，合併症も多くなってきます。

薬の効果は躰内で吸収され薬の血中濃度が上がると現れます。薬は主に肝臓で分解され，腎臓などから躰外へ排出される仕組みです。

そのため，薬の服用で注意しなければならないことは，次の次項です。

表1　薬服用時の注意性

①2種類以上の薬は，相互作用が起きる。そして，薬が多くなればなるほど，相互作用は起きやすくなる。
②薬の血中濃度を考え，正しく指示どおりの服薬をする。
③指示どおりの服薬でも人によっては副作用があり，躰の不調を感じたら直ちにかかりつけの内科医と薬局に相談する。
④薬と食べ物にも相互作用がある。たとえば，ワーファリン（血栓防止剤）と納豆，カルシウム拮抗剤（降圧剤）とグレープフルーツ，テオフィリン（喘息の薬）とタバコのように。

薬を処方されたらきちんと質問し，十分確認して服薬方法を守ることが重要です。

たとえば，貧血で鉄剤を処方された場合に，食後のお茶・コーヒーで飲みますと，鉄とお茶・コーヒーの成分であるタンニンとが結合して，タンニン酸鉄となって薬効を阻害します。したがって，白湯や水で飲用するのが適切です。また，水分は胃腸の働きを高めて薬剤の吸収を良くする効果がありますので，薬剤の効用を考え，決められた時間に決められた方法で服用することが大切です。

薬剤の多用や長期服用は，副作用や薬物依存症を引き起こしやすくなります。そして，その人の躰の一番弱い臓器に影響を与えます。ことに，加齢しますと，消化器系や肝臓・腎臓の働きが低下するため薬剤の分解能力も低下して副作用が起きやすく，症状が強くなります。

したがって，表のような副作用に気づいたら，直ちに，かかりつけの内科医や薬局に相談し，できるだけ早期に，十分な栄養補給・十分な睡眠，日中の十分な運動を確保することが賢明です。

さらに，家族や友人の勧めもあって，自分で受診先を決めて耳鼻科・整形外科・眼科などへ通院しますと，必然的に何種類もの薬を併用して服薬する事態が起き，肝臓や腎臓の負担になります。

表2　副作用で症状を起こす薬剤

＊呼吸困難	：非ステロイド抗炎症薬（バッファリン，アスピリンなど），降圧薬（インデラル，カルビスケンなど），漢方薬（小紫胡湯）
＊動悸	：強心薬（ジゴキシン，カルグート，ジギトキシン），抗不整脈薬（ジベノール，ベプリコール，リスモダン，アスペンなど）降圧薬（カルビスケン，ミケラン，ベトリールなど），抗うつ薬（アナフラニール，アンプリットなど）
＊めまい	：β遮断薬（インデラル，ミケラン，テノーミン，セロケン，アセタノール）α遮断薬（デタントール，ミニプレス，エブランチル，カルデナリン），睡眠・鎮静薬（バルビタール，リストミンなど），骨・カルシウム代謝薬（オステン，アスオストなど），抗高脂血症薬（アモトリール，ペリシット，ハイゼットなど），非ステロイド抗炎症薬（ポンタール，アスピリン，バファリンなど）
＊手足の震え	：脳代謝改善薬（フルナール，シンメトレルなど），向精神薬（フルメジン，セレネース，トロペロンなど），抗うつ薬（トリプタノール，トフラニール，アナフラニールなど），抗てんかん薬（アレビアチン，テグレトールなど），制吐薬（トリオミン，PZCなど），気管支拡張薬（メプチン，アストーン，エフェドリンなど）
＊尿閉	：抗コリン薬（ブスコパン，アーテン，ニポラジンなど），三環抗うつ薬（トフラニール，トリプタノールなど），フェノチアジン（ウインタミン，メレリル，ヒルナミンなど），抗ヒスタミン薬（ニポラジン，ポララミンなど），降圧薬（レセルピンなど），パーキンソン病治療薬（アーテン，アキネトンなど），強力鎮痛剤など（リン酸コデインなど）その他（PL顆粒など）

出典：名古屋市『介護認定審査委員のための痴呆の手引き』，2000年，35～41頁より改変。

まずはかかりつけの内科医に受診し，必要な時は紹介状をいただき他科の専門医に受診すれば，薬の重複もなく，経済的にも負担が少なく無

駄もありません。そしてなによりも，自分の躰に優しく薬の副作用も避けることができます。長年のかかりつけの内科医の場合でも，紹介状の申し出に対してためらいのある医師の場合や，自分自身が了解できにくい場合は，ためらわずセカンド・オピニオンを聴くことを伝えて，紹介状を書いてもらうことが賢明です。

さらに，かかりつけの薬局を持つことで薬の薬理作用や2種類以上の服薬による食物との関係も避けることができます。

そのため，つねに自分の健康管理記録である「健康手帳」を持参して受診し，かかりつけの薬局を利用することが有益な方法です。

そして，医院・病院や調剤薬局の窓口で医療費や薬剤費を支払う際は，必ず，診察費用や薬剤内容の明細を記した領収書をもらい保存して置きましょう。

家計費の記録や年1回行う確定申告等に使用できますし，なによりも自分自身の健康状態を把握するための記録であり，医療機関の利用者として，医師・薬剤師との医療行為をめぐる契約（186頁参照）内容を証明するものであるからです。

第Ⅲ部

暮らし方のリフォーム②
となり近所とのかかわり

13章 働き続けられる喜びを感じられますか

はやばやとリタイア
しないことが若さを
保つひけつです

1 集団の力をみなおす

共同体のなかで自分の夢を
実現するということは

　加齢して老化しながら，いくつになっても個人的な暮らし方のリフォームを続け，早起きをして躰を鍛えるのはなんのためでしょうか。それはなによりもまず高齢期が人生の中で，積年の夢を実現できるゴールデンエイジであるからです。

　一方，夢の達成の過程はまた，人類社会の一員として一日一生と生き切る覚悟の暮らしのなかで，老いた者がつぎの世代の若者にかけがえのない地球環境と共生するための生きた智恵をバトンタッチする時期でもあります。

　しかしどんなにがんばっても，一人でなせる物事は限られていることも事実です。だれもが自分の夢は，集団ことに家庭や地域共同体のなかでこそ実現しやすいことは自明です。

第2次世界大戦前の高齢者は隠居と称して一見のんびりと映っていました。実際の隠居自身の主な仕事は，男性は家政，女性は家事を見守り，村の行事を担い，孫や曾孫をはじめ，地域の子育ての役割を担っていたのです。

　"健やかな高齢者の多い町＝子育てのしやすいまち"であることは実証(1)されています。高齢者が子育てに十分に参加することによって，幼児期から，ゆったり，たっぷりとした朝食をとり，好き嫌いなく何でも食べ，だれとでも対話のできる子どもを育む支援を果たす役割を担うのです。このことは大変有益で，つぎの世代を育む取り組みとして一番大切なことではないでしょうか。

　そのため，専門的介護を担う者の目標として，社会学者の浜岡政好氏は「介護予防とは，要介護状態を防ぐことだけではなく，福祉サービスを利用することで，自律的生活を可能にし，生活機能の維持と向上を図り，重症化を予防・軽減することで本人の自己実現の達成を支援することです」と述べています。

　どんなに加齢して生活機能に困難や障害を負う高齢者であっても住み慣れた地域で安心して暮らすことのできる柔軟な専門的介護支援システムの必要性が問われているといえましょう。

　多くの人びとは，ライフサイクルにおいて30〜40年間は雇用労働に携わり，いつかは毎日が日曜日となる日を迎えます。この日を特別な気持ちで待っている人も多くいます。ことに，後期高齢者で，毎日を用心しながら，元気はつらつ夢の実現に向けて行動している人であり，目立って多くなってきています。

　夢の実現は人それぞれですが，それを自覚した時からゴールデンエイジが始まりますので，その時点で，本格的に暮らし方のリフォームを始めてみるのも良いでしょう。

2 雇用労働を継続してゆくためには

永く働らけることは
とても幸せなことです

> ● 事例
>
> **転職して就労，66歳の女性の場合**
> 高校を卒業後，3年間寮生活をしながら看護婦免許を取り，念願の看護に携わって働き始めました。東京の多くの病院における就業時間は午前8時から午後4時のため夜間大学へ進学して社会福祉を学び，教員免許も取得して卒業。社会人入学の大学院へ進学して社会福祉の修士課程を修了しました。60歳の定年まで看護婦として働き続け，ケアマネジャーの資格も取得。その間にも社会福祉の学びは継続していました。60歳の定年後，実践と研究の継続が評価されて大学教員として学生の教育と研究に従事しています。
>
> **パートタイム労働，67歳の女性の場合**
> 15年前，交通事故で寝たきりの夫（受傷時50歳）が入院中に，専業主婦であった妻（52歳）は入院費を捻出するため，病院の看護婦長に相談しました。その人の紹介によって，医師夫婦と子ども2人の家庭に家政婦として働き始めました。
> 雇用主が一番期待したのは，子どもが帰るまでにおやつを準備し一緒におやつをいただくこと。つぎに，勉強とお稽古や遊びで疲れた子どもたちの話し相手と食材や日用品の買い物（家政婦の家の食材もついでに買うことは同意），夕食を作ること。そして時間があれば掃除もすることでした。
> 15年の間に寝たきりだった夫は死亡。この女性の子どもは結婚して孫もあり一人暮らしです。パート先の子どもたちには，彼らが大学生になっても「おばさん」と慕われ，現在も中高年の医師夫妻と子ども一人の夕食作りで働いています。67歳の今日，「元気で丈夫なうちは働いてほしい」と言われ，楽しみながら定年のない労働をして健やかに暮らしている日々です。

◆ シルバー人材センターの活用

厚生労働省は2004年に，①中高年齢者の再就職の促進，②多様な就業機会の確保を施行し，また65歳からの年金支給開始年齢に合わせるために2006年4月から65歳までの雇用の確保を出発させました。

しかし，実際には企業の雇用条件は厳しく，定年後も働き続けたい人や，

獲得した営業活動や技術をその後の人生に十分活かす機会をもてない人は多く，厳しい生活を余儀なくされ閉じこもる高齢者も多いのが現実です。

1975年，東京都に始まった高年齢者に対する雇用機会の紹介事業は1986年「高年齢者等の雇用安定に関する法律」の制定で，国および自治体の責務となりました。

1996年の改正によって新たに都道府県がシルバー人材センターが作られて活動の拠点となり，全国すべての地域で事業を展開しています。

2004年現在，会員の男女比は約2：1の割合ですが，77万余人が会員として登録し，さまざまな分野で活躍しています。会員の規定は，「おおむね60歳以上の男女で，働く意欲があり，軽易な就労を紹介する事業を活用して，短期に働く人」です。事例を見ましょう。

● 事例

オフィスクリーニングで労働

中小企業の営業一筋に勤務して定年（60歳）。高校卒業後から結婚しても，家は妻に任せ，仕事一筋に生きてきました。仕事上の付き合いゴルフは出かけましたが，定年後は経済的に余裕もなく趣味もない状態です。家で毎日が日曜日と暮らす日々は，妻との会話も少なく，ギクシャクしてきました。

先輩の勧めでシルバー人材センターの会員として登録し，オフィスクリーニングの講習を修了。現在は，朝7時から10時までの3時間デパートの清掃で働いています。小さい時から動物好きであったことから同好会に参加してバードウォッチングを続けています。

デパートの清掃で労働するうち，家の家事や庭の手入れも自発的にできるようになり，妻との会話も多くなって，今では妻もバードウォッチングに参加して新たな交流も始まっています。

庭師として労働

定年（60歳）時，末の子どもが大学生のためハローワークで再就職を試みたのですがかなわず妻が近くのスーパーマーケットのパートで働き始めました。

自分は主夫をしながら，シルバー人材センターに会員として登録し，庭園技能講座を受講。紹介により庭のある家で，剪定や庭の手入れをして働いています。1年後，リピーターも多くなり，今では仕事が楽しくなっています。妻とはいつの間にか家事・家政のワークシェアリングができて，子どもも独立したため，年に2回，2泊3日の国内旅行を楽しむようになり，健やかな日々を暮らしています。

◆ ナイスライフ（互助会）の活動

　介護保険制度は，要介護認定者に対して契約の範囲内で専門的介護支援を受けることができるシステムです。そのため，要介護度の認定範囲内しか支援を受けることはできません。しかし，実際の暮らしのなかでは指定範囲外でも，必要なことがたくさんあります。たとえば左片麻痺で一人暮らしの場合，入浴時に健肢の右腕を自分で洗うことはできません。また，両手を必要とする蒲団干しは，干すことができない等々，日常的な生活問題が現実にあります。そして蒲団干しの場合，天候との関係で，予定通りには干せないなどの問題も加わります。

　さらに，身寄りも少なく親戚とも疎遠である一人暮らしの場合，急病や事故で入院となりますと，連絡や身の回りの問題を解決する方法がなく，入院できても悶々としてストレスとなることも多いのが現実です。

　このような状態になった時，お互いが少しでも助け合おうという趣旨で生まれた互助組織が，ナイスライフです。毎月の会費1000円で毎月1回会合を開催して，自分達の互助介護をしている団体で，現在の会員は30名です。

　具体的な活動を事例で紹介します。

● 事例

一人暮らしの女性（83歳）の場合
　高血圧と糖尿病があり，太り気味でした。頭痛がひどく救急車で入院。脳梗塞で1カ月入院。1週間の安静を経て徐々にリハビリテーションを開始して，左半身麻痺も軽度となり退院になりました。この間ナイスライフ会員の主婦Aさん（53歳）が着替えの交換と下着類の洗濯，家の植物の水遣りと室内の換気など，週2回，毎回2時間の援助をして，女性は元気になりました。

高齢者夫婦（88歳と83歳）の夫が入院の場合
　夫が肺炎で入院。病院から「付き添いは要らない」と言われたのですが，実際には食事時や排泄の際にはオムツが必要で，誘導や安全のための付き添いが必要な状態です。そして，家には飼い犬がいました。
　そのため，会員のBさん（68歳）が，犬を預かり毎日2回の餌を与えること，散歩をさせること，病院へ着替えの洗濯をして持参すること，妻が入浴や買い物に出る際は代わって患者さんの側にいて介助するなどの援助をした結果，患者さんは無事退院できました。そして，Bさんは日頃の腰痛も軽減して，今では運動不足を反省し地域の清掃

ボランティア活動をしています。
　このような自分たちでできる援助に対して会費の1割を会の運営費として納め、そこから時給1200円を支給しています。そして、会員同士の情報交換と交流を図るために、四季折々の会食や日帰り旅行などを通じて交流を深めています。

3 活動の継続
日々の働きの継続を
事例でみてみます

事例を参考として、考えてみましょう。

● 事例

特技で地域おこしに貢献する夫（85歳）と妻（82歳）の場合
　自営業で豆腐・こんにゃく屋を営み、5人の子どもを育ててきました。大手企業の大量生産に押され、廃業して兼業農家に転換して暮らし続けていました。現在、夫は腰と足が弱り、家庭内で手仕事をしながら孫の子育てを手伝っています。
　妻は元気で、昔取った杵柄を生かして地域おこしのため、農協の職員とともにコンニャク芋とミキサーを持参して豆腐とこんにゃく作りの指導に活躍中です。

特技を生かして海外で活躍中の68歳男性の場合
　病院事務として働き、バングラディシュに子ども病院を作る活動をしている医師に賛同して、長くボランティア活動をしていました。60歳の定年を機に、日本の看護技術をバングラディシュに伝えようと看護学校（3年間）へ入り、看護師免許を取得。バングラディシュに渡り、看護教育に携わっています。

ダウン症の子どもを持つ一家と片麻痺の女性（61歳）の交流
　1人障害のある子どもがいますと、親はその子に気を取られ、他の子の養育が気にはなっていてもなおざりになりがちです。
　一方、片麻痺の女性（61歳）は、旅行がしたくても介護者を必要とするため遠出ができないでいました。
　クニハウス（小規模多目的福祉施設：ボランティア活動団体、名古屋市内）における交流で、両者は以前から知り合いでした。片麻痺の女性が、育ててもらっているりんごの樹（果樹栽培者が果樹園を守るため、年間契約で加入者に代わって1本の樹を育て、収穫期に獲ってもらうシステム）の収穫の知らせが届きました。そこで、「旅行でかかる1日の諸費用（ガソリン代・昼食代等）は、全額負担、一家で摘み取ったりんごはお

土産に」という合意が両者の間でできました。

　収穫日は快晴。父親が運転手になって6人でりんご狩りに出かけて楽しみました。新しい美術館にも立ち寄り，6人の費用は女性が支払い，女性は満足。子どもたちもりんご狩りを満喫し，昼食・美術館を巡って土産付きで一家も満足した一日の旅をたっぷり楽しむことができました。双方が貴重な体験と喜びを共有できたことを喜んでいます。

　その後も交流を深め，つぎの計画を話し合っている状態です。

注
（1）丹羽國子・山田薙夏著『ICFに基づく介護概論』アリスト，2003年，66頁。

14章 家庭・地域へのランディング

「会社」から
地域「社会」への
再就職と考えます

1 家族のなかでの自己実現とは

高齢者の人生の知恵を
再発見しました

◆ **家族のなかで自己実現するということ**

　最近の若者が働かず家に閉じこもり親に寄生して生きている実態は，若者側の問題ばかりではなく親をはじめ周りの年長者の生き方に若者が夢をもてないことにも大きな要因がある，と言わねばなりません。

　たとえ今，一人暮らしの高齢者であっても，そのライフサイクルのなかで「つ」あり時代（1〜9歳）に，親や近隣・友人から受けてきた介護や専門的介護を意識し，今後自分が介護を受けるかもしれない時期に生きていることを認識すれば，人生のゴールデンエイジに何をなすべきかの回答が自ずと出てきます。

　将来の「いつか行く道」を学ぶため，身近な高齢者と対話して学ぶ機会をもった学生150人の高齢者に対する聞き取りの結果，8割の高齢者

の生きがいと楽しみのトップは「孫の成長を身近に感じられること」でした。

自分の遺伝子を持った孫が健やかに育っていることを実感し，大きな喜びとして見守り，いつでも手を差し伸べられる受容力を持って暮らしている幸せは，なにものにも勝る生きがいと言えるのでしょう。そして，人類が脈々と続いていることを実感して喜び，「いつ死んでも悔いはない」と言い切っています。

高齢期にはだれもが，日常の暮らしを何よりも大切にして，若者と交流できる機会や居場所をもっと増やす必要があります。80歳・90歳以上まで生きてきた生活の智恵を伝える役割が，人類の継続に不可欠なことを学び，育む活動に向かいます。

● 事例

3世代家族のワークシェアリング

　祖父（78歳）と祖母（75歳）は，廊下伝いの別棟に長男（3人姉弟の末子：40歳）夫婦と孫3人（小学生2人・幼稚園1人）と暮らしています。朝食・昼食は別々の家庭で済ませていますが，長男夫婦は共働きのため，月曜日から金曜日までの孫の世話は祖父母が担っています。祖父が幼稚園の送り迎えをして，小学生2人の帰る時間には祖父母が準備したおやつを一緒に食べ，夕食の支度は祖父母と子どもが一緒に買い物や料理を作り，夕食はできるだけ3世代一緒に食べることを習慣にしています。

　2～3カ月に一度の土曜・日曜日は，長男の運転で一泊家族旅行を楽しみ，さらに祖父母は土曜・日曜日に別々の趣味で外出したり，一緒に相撲や映画や演劇を楽しんでいます。

◎ この高齢者夫婦は，雇用労働はしていませんが，月曜日から金曜日まで，孫の成長を楽しみながら子育てに参加し，つぎの世代に生きた智恵を伝えながら，孫から元気をもらい，生きがいをもって家族の成長に喜びを感じながら働いています。

　労働力を商品として売買するだけが労働ではありません。三世代間が円滑に，一人ひとりが豊かに成長するために必要な活動も，1つの労働であると言えましょう。

家事・家政のワークシェアリング

　定年の前からお互いに話し合っていたことは，子どもが独立し，夫が定年になった時，妻（主婦）から夫（主夫）へ家事を交代することでした。

　妻は趣味で続けていたスポーツの審判員の資格を取得して，長年の夢であった審判員の仕事を開始し，試合のある毎に外出を繰り返していました。ところが夫は家事ばかり

の日常に不満がつのり，小言が多くなってきたのです。そのため，再度の話し合いで妻が朝食を夫が昼食と夕食を分担し，買い物はできるだけ2人で行うことにしました。その結果，夫は町内の活動への参加と高校時代の同級生4人と一緒にコミュニティセンターを利用した旅サークルを実現し，旅を楽しむ会合を月1回開催し，年4回一緒に旅を楽しんでいます。

　つぎは妻と一緒に3泊4日の外国旅行に行くことを計画中です。

二人三脚で妻のがんを克服

　定年（60歳）まであと1年を残した看護助手をしている妻の乳がん手術後，主治医から「余命3か月の覚悟を」と告げられた夫（55歳）は，実は以前から妻と「定年したら夫婦で四国八十八カ所巡りを毎月やろう」と話し合っていました。

　そのため，残された時間に一回でも実現しようと，妻の職場の上司に相談して，毎月1回，土曜日・日曜日の連休と金曜日か月曜日に年次休暇を取り，2泊3日で少しずつ巡ることを決心しました。

　妻は主治医から手術後のリハビリテーションとして職場復帰を勧められ，半日勤務から始めたばかりだったため，職場のことを考えて最初はこの計画をためらっていました。しかし妻は主治医と上司の説得と夫の熱意に押されて夫との旅行を開始しました。

　旅行が1回，2回，3回と続き，無事定年を迎えることができたのです。そして，今日までに48カ所を終えることができています。

　最近，妻は病院の検診が年1回になり，年金と自由時間もあるので，孫に土産を買う余裕もできて，働き続ける夫に代わってつぎの札所の旅行計画を練り，家事と庭の手入れに専念しながら，元気に夫婦で札所巡りを続けています。

自分史の執筆（88歳）の場合

　28歳の時，4人の子どもを残して夫は戦死。夫の仏壇に毎朝・毎晩一日の予定とその報告を繰り返し，自営業を続けて4人の子どもを独立させました。週1回の休日も店の片付けや整理に追われ，結局，1日も休まず働き通しました。

　喜寿（77歳）の時，店を長男夫婦に任せて，地域の婦人会活動や旅行にいそしむようになりました。80歳頃から両膝関節に液が溜まるようになって現在も通院中。歩行に困難を伴う状態ですが，店の開店前・閉店後の掃除は自分の役割と，時間をかけて働いています。米寿を機会に孫に勧められて自分史を書き始め，夫の徴兵と戦死，戦後の担ぎ屋時代や自営業と子育てなど，夢中になって働いてきた今日までを，尋常小学校しか出ていない書き慣れない文字ですが，一字一字丁寧に執筆しています。

2 地域へのランディングと活動

地域と自分はどう
かかわっているのでしょうか

◆ ラジオ体操への参加を通して

　子ども時代に覚えたラジオ体操は一人で自宅のベランダや庭でもできる健康体操です。健やかな朝の目覚めの継続とトレーニングや仲間つくりに、ぜひ戸外で、近くの公園や子どもの広場で、一人でも思い切って実行したいものです。

　ラジオ体操は、国民の体力向上と健康の保持・促進を図ることを目的に、1928年に簡易保険が制定し、全国ラジオ体操連盟によって今日まで継続されています。

　"毎日が日曜日"と時間にゆとりのある高齢者が率先して公園や理解のある神社・仏閣の境内、さらに公的機関の広場で一人から体操を始めますと、一人二人と集まって、いつの間にか100人を超す団体に広がり、そこで準備や指導などのボランティア活動をしている人が都市部を中心に増加しています。まさにラジオ体操はまちづくりの一環となるのです。

◆ 町内活動への参加を通して

　事例を2つご紹介します。

> ● 事例
>
> 　向こう三軒両隣関係の復活：左半身麻痺で一人暮らしの女性（66歳）の場合
> 　定年時（60歳）に、念願の賃貸マンションからバリアフリーの分譲マンションに引越。2年後、外出先で倒れて救急車で入院し、左半身麻痺となりました。
> 　病院で3カ月、リハビリセンターに3カ月入院。退院時、あらためてマンションの両隣と上下の住人と役員に挨拶をしたのです。左隣は高齢者夫婦（75歳・70歳）、右隣は若夫婦と子ども（2歳）の3人暮らしです。若夫婦家族には夕飯の煮物をお裾分け、高齢者夫婦には縁日で買ったお花をお裾分けするなどなにかと声かけや気遣いを持って、互いに良い関係を保っています。
> 　女性は感謝と楽しい交流のために、届き物があると両隣へお裾分けをします。隣の幼

児は時々女性宅へ遊びに来てくれ，母も一緒にお茶の時間を楽しみ交流を深めています。
◎ このように住まいの形態（一軒家・マンション・アパート）にかかわらず，何かのきっかけ，とりわけ雇用労働を退いてゴールデンエイジを迎えた時点で，向こう三軒両隣へあらためて挨拶をすることは新たな交流を始めるチャンスとして重要です。就労中は，朝晩の挨拶だけであった関係も，つぎの世代との交流にもつながる大切な交際であるからです。

市営住宅内の美化：生活保護世帯夫婦（63歳と60歳）の場合
　夫は長く精神病を患い月2回の通院をしています。妻は，精神の病状が不安定のため（時々，幻聴）定期的に通院中で腰痛の治療も受けています。そして，家事・家政はなんとか2人で助け合って市営住宅に住んでいます。夫は年齢的にも働く機会がないとあきらめ，自発的に市営住宅内の清掃や草取りを行い，景品でいただいた朝顔の種を蒔いて花を咲かせ，環境の美化に努めています。近所からは喜ばれ，1人暮らしの高齢者に頼まれて買い物をすることもあり，他者の役に立っていることが夫の生きがいになっています。ふらっと気晴らしに「まちの縁側クニハウス」(1)へ立ち寄って雑談をしたり料理方法などを聴いたりして帰っていきます。クニハウスのクリスマスの行事には毎年欠かさず夫婦で参加し，元気に助け合って暮らしています。
　生活保護世帯がボランティア活動によって近隣の役に立ち，それが本人の生きがいにもなる大変有意義な例です。

◆寿会（老人会）への加入を通して

　多くの地域では，60歳から寿会（老人会）を設けて交流会と旅行などを企画し活動しています。実際には「60歳はまだ早い」と敬遠する人もいます。

　しかし，後期高齢になって来ますと，年賀状の欠礼はがきが多くなって孤立感が高まり，さらにかかりつけの内科医から「歩け，歩け」と言われるため参加する人も多くなってきました。

● 事例
　長男と2人暮らしの女性（78歳）の場合
　長男は勤務で不在。昼食後2時間して下痢が始まり，頻回のためふらふらとなり，長

男の職場に電話をかけようと思いましたが、思い切って寿会の役員に電話したところ、直ぐに救急車を呼んで駆けつけて同行し、病院に入院して点滴を受けました。役員は、医師から命に別状がないことを確かめて、長男に連絡。2日後に退院となりました。

◎ 入会はあくまでも任意です。しかし、「遠くの親戚よりも、近くの他人」の諺もありますように、就労を退いた時点で、思い切って年会費を払って加入しますと、緊急時に連携が取れます。

　一人暮らしばかりではなく、家族があっても、日中は家族が働いているために実際は一人で暮らす高齢者が多いのです。月1回の集まりで健康状態を確かめ合いながら互いを気遣い、近隣同士で助け合って生きていくのも大切なことではないでしょうか。

女性会の清掃活動

　すいどう道緑道（名古屋市千種区）は桜の名所です。まちの人々が花見や朝夕の散歩やジョギング、犬の散歩に利用することが多い散歩道です。高見学区の女性会は、毎月この約4kmの散歩道のゴミ拾いを続けている団体です。この活動は清潔なまちづくりを手伝いたいという気持ちの表れであると同時に、自分自身が気持ちよく散歩できて健康に良く、ご近所同士が交流して語らう貴重な時間でもあると女性会の人たちは言っています。

　年1回の学区の体育祭では、糊の利いた浴衣を名古屋帯できりりと締めて盆踊りを披露し、三重の輪になって老若男女が一緒に踊る機会を作って盛り上げています。

一人暮らしの女性（66歳）の救護ボランティア

　現在も就労しているため町内の行事には参加できていません。寿会には、60歳の時に勧められて加入しています。しかし、まちに引越してから20年間、職業を活かして、年1回、小学校で開催する学区体育祭の救護ボランティアを続けています。

　年1回の行事を20回続けていますと、休日にまちで合う人と挨拶や立ち話のできる関係を保つことができてきます。"継続は力（財産）"として、まちの人たちとの暮らしに感謝し、安心して加齢することができるまちで暮らしています。

◆ 町内でのボランティア活動

　昨今は、年末に恒例の「火の用心」の拍子木を叩きながら巡回する音が、「うるさい」と苦情を言われてしまうような時代です。

　しかし、火事と犯罪のない、安心して暮らすことのできるまちづくりを警察や行政に任せ切りで、自分は批判するだけでは立ちゆかない状況でもあります。もっと若者が日常的に参加するようにするには、「自分

たちのまちは自分たちで守る」という気概が，住民一人ひとりに必要なのです。

　雇用労働から退いた人たちは，自警消防団に加入して活動に参加することが，若者の刺激になり地域の活性化につながっていく近道であるようです。

　また地域によってさまざまな諸行事が一年を通じてあります。ことに古都・京都には地域のいたるところに大切に祀られたお地蔵さんがあり，近所の人たちによって，いつも欠かさずお供えや灯明が灯っていて古くからの習慣が守られています。

　子どもの成長を願って行われる地蔵盆の行事も最近は子どもの減少と共働きの家庭が増えたために，地域によって年3日であった行事が2日へあるいは1日のみと簡素化しています。行事を維持するための世話人と場所を確保できないことも要因になっています。

　十二坊町の地蔵盆はこれまで町内の役員宅が会場になっていましたが2005年からは，2年前からフリースペース・ハルハウス(2)（一般住宅を開放してボランティア活動をしている）で行われることが，世話人の努力で実現しました。

　路地では子どもが集い地蔵盆を無事終えることができたのです。ハルハウスのようなボランティア活動によって町内に自由に活用できる多機能福祉施設が「ポストの数ほど小地域福祉交流サロンを！」(3)を実現できるぐらいたくさん必要です。

　地域のいたるところにだれかと話し合いたい時やほっとしたい時の居場所があれば，ひきこもりの高齢者や若者が集って将棋盤や囲碁盤を囲んで世間話をしたり，一緒に料理を食べながら語らうこともできるのです。地域住民の連携によって，子ども時代から開かれた地域づくりで地域力を高め，地域を行き交う人の挨拶が日常化しない限り，若者や高齢者が安心して暮らすことはできないでしょう。地域の若者を育むことに寄与することは，高齢者の重要な役割であり義務と言ってもよいのではないでしょうか。

◆ 健康福祉を考える会の活動

　健康福祉を考える会はクニハウスに集う人たちの中から，自分自身の認知症防止のため，そして「自分達のまちは自分達で創る」ために集まった13人で，2001年3月にできました。

　研究会メンバー（30～60代の男女）の大きな関心は，どんなに歳をとってもこのまちで元気に暮らすには何があればよいか，ということでした。

　第1回研究会では，メンバーの一人が利用している敬老特別乗車券に関心が集まりました。全国の政令都市のなかで，唯一名古屋市が65歳以上の市民に無料で交付している予防福祉の制度です。

　しかし名古屋市議会では，財政難を理由に，交付対象の年齢引き上げが議題にのぼっていました。そのためこの市民グループは大同生命厚生事業団の助成を受けて，2001年度は高見学区の65歳以上の全高齢者を対象に，2002年度は名古屋市全域を対象に，アンケートによる実態調査を実施し，その報告書を関係者に配布しました。

　それを受けて，調査結果が，2003年3月27日の中日新聞の「高齢者の9割『やめないで』」・「閉じこもり防止になる」という記事をはじめ，5大全国新聞紙が制度継続を求める記事を掲載し，名古屋市の存廃論議に一石を投じました。

　名古屋市は2004年度から所得に応じて0～5000円を徴収し，券の配布を郵便局の窓口受け取りに変更しましたが，65歳からの支給は継続することになりました。その後も毎月1回の研究会を継続し，2005年9月に「介護保険制度に関する名古屋市内の団塊世代の意識と実態についての研究報告書」を関係者に配布しています。2006年の研究課題は，あらたに話し合う予定です。

　研究会や勉強会は，全国に800以上あるさまざまな社会貢献のための助成財団による助成金制度を利用して，各自のボランティア精神で身近な問題を話し合って解決法を探り，模索しながら研究を進めることのできる良い方法です。年齢・性別・職種が異なる人が集まって多角的に物事を判断できるという利点が大きく，考えが深まります。

　2007年問題と言われる団塊世代の一斉の定年も，各市町村の住民と

して「自分達のまちは、自分達で創る」という気構えでことに当たれば、周囲の若者が夢を抱きながら成長するきっかけになると確信しています。

3 生涯学習
いろいろな可能性を
探ってみましょう

事例から生涯学習の可能性をみてみます。

● 事例

高齢者2人暮らしの男性（73歳）の場合
　8年前、定年を迎えたこの男性は、現在子ども2人は独立。名古屋市には65歳から敬老パス（敬老特別乗車券）があり、地域の利便性も優れているので、妻と相談して隣村から転入して、分譲マンションに住んでいます。妻（68歳）は専業主婦でしたが、趣味の茶道や華道を続けて交際も広く、外出が多い。男性の生家は農家であったため、老後は一坪菜園を借りて野菜を作ってみようと考えていました。定年を迎えた際、地域へのとけ込みにためらいがあり、名古屋市高年大学鯱城学園の園芸学科に入学したのです。課程は2年で、45人のクラスは年間70日程度の講義を受け、入学式、宿泊研修、体育祭・文化祭やクラブ活動もあるなど、まるで青春時代に戻ったような忙しさでしたが、皆勤で卒業しました。
◎ 会社一筋であった男性は、地域へとけ込むことへのためらいを強くもっていました。しかし土に親しみたい思いから高年大学園芸科に進学し、園芸のノウハウと仲間を得て、一坪菜園を育み、ボランティア活動団体へ野菜の寄付を続けています。さらに、ご近所の要望で特技を活かしたインターネット指導のボランティアで地域に貢献し、生きがいとなっています。会社人間から地域ボランティアへの変身です。

一人暮らしの女性（70歳）の場合
　名古屋市内に住み、60歳の定年後に再就職をして65歳まで働きました。年金と、65歳以上に支給の敬老パスを利用して市内のほとんどの公共施設を巡るうち、徳川美術館の「源氏物語絵巻」に惹かれ、大学院に挑戦して社会人入学。『源氏物語』の研究を開始しました。
　源氏ゆかりの地を訪れたり、研究仲間の会合に参加したり、年に数回、非常勤講師として講義をしながら、大学院生活を満喫し、健やかに暮らしています。
◎ この方は第2次世界大戦後の貧しい時代の親を見て、進学をあきらめた過去があります。仕事一筋から解放されたとき出て来た空虚感を、大学院に進学することで解決しました。20，30代の同期生と学び語らうことで若さと元気をもらい、「死ぬまで学び続

ける喜びを味わっている」と健やかな日々です。大学や大学院への社会人入学も老後を豊かにする選択肢の1つにあげられます。

　夫婦で年金暮らしの男性（72歳）の場合
　名古屋市内で退職（65歳）後，趣味の水彩絵を描き続けたいと願い，敬老パスで地下鉄や市バスを使い，敬老手帳（65歳以上に支給，市立施設等を無料または一部負担で利用できる）で名古屋市内で入場可能な施設や入場料の減額される諸施設を利用しながら，風景画を描き続けていました。
　しかし人と話をしない毎日が物足りなく思うようになり，似顔絵を書いて人と交わり話をする機会を持ちたいと考えました。
　2003年から介護老人福祉施設や介護老人保健施設を訪問して，希望者と対話をしながら似顔絵を書かせてもらってプレゼントすることを続けています。
　2005年には，愛知県で開催された万国博覧会（愛・地球博）に，期間中は入場がフリーになるチケットを購入し，真夏の30度を越す暑さの日以外は週に2〜3日通って，各国の人に声をかけて似顔絵を描かせてもらい，最後にサインを頂くという活動をしました。それは38カ国の55人の絵という形で，国際交流の貴重な思い出になりました。
　訪れる施設でその絵を見せることで話題もより豊かになり，彼はますます元気に健やかに来年の計画を練っています。
◎ 定年後は趣味の水彩画と考えていましたが，それだけでは物足りなさを感じました。人とのつながりがあってこその充実と知り，高齢者施設や万博の機会をとらえて似顔絵交流を進めた結果，充実した日々を送れています。人との交流を積極的に求めて生きがいを見つけられた事例です。

4 森林浴のすすめ
森や樹木とのかかわりが人に
好影響を与えるのはなぜでしょうか

♦ 森林浴の効用は医学的に実証されています

　人間はだれでも，幼児期から鎮守の森や，身近な里山の森に親しんできました。しかし今日では開発が優先されて森林の破壊が進み，また都市化現象によって，都会では「鯉が泳いでいるよ」と言えば幼児は空を

見上げるようになり，日常的に森や川に親しめない子どもが増加しています。

　近年，森林浴の癒しの効果が医学的に解明されつつあります。2004年1月21日"新たな森林づくりシンポジウム"（主催：長野県）で「森林浴が人の心身に及ぼす効果 ── その医学的実証」（日本呼吸器学会専門医：日本アロマセラピー学会理事・認定医・本間請子）が発表されました。

　本間氏は2004年7～8月に，信州黒姫高原の森林で首都圏在住の10～70代の対象者（61人）に森林浴（3～4時間）前後の採血を行い，白血球に含まれるリンパ球と顆粒球の構成比・血圧・脈拍・体温の5項目を調査した結果，リンパ球と顆粒球の構成比が4対6の割合に近づき，自律神経が安定するという効果を実証しました。そして，「森林浴は，落ち着きを取り戻す『緑色』によるカラーセラピー効果があり，森が放つ香りでアロマセラピー効果，さらに鳥の鳴き声，小川のせせらぎ，樹々と風のオーケストラ，木漏れ日，清浄な空気，静けさ，気が含まれ，これらが嗅覚，視覚，聴覚，呼吸を通して自律神経に変化を与え，自律神経機能の良いバランスへと変動させるため，体調が良好となり快適気分となると考えられる」として，アンケート調査の結果は全体の98％（60人）が「とても気分が良かった，とても楽しかった」と答え，不快な人は一人もいませんでしたと発表しています。

　本間請子医師は，今後，森林浴で改善した白血球と顆粒球の構成比が，どのくらい維持されるかなど研究課題として活動しています。

◆ **身近で効果的な森林浴療法**

森林浴が効果をあげた例をご紹介します。

● 事例
難聴を伴う女性（83歳）の場合
自宅から300mほど離れた氏神様は，亡き夫が氏子総代を長年つとめた神社です。

60代から、次第に左耳の聴力が低下し、補聴器を使い始めましたが、なじめずあまり使っていません。そのため、いつも人と出会う際は、右側を相手に向けて、笑顔で挨拶することに心がけています。こうすれば、相手が不快にならないとの配慮です。

夫の一周忌を済ませた73歳から毎朝、神社へ出かけ、身を清めて参拝した後、2時間前後、境内をくまなく清掃します。都会の神社のため大樹はありますが、狭くて、池もなく、落葉樹が少ないので清掃は早く終わるとのことです。しかし、掃除をしながら、昨日までのことを亡き夫に報告し、今日からのことを教えてもらうので1日中でもっとも充実した時間になっていると言われます。お蔭で病気知らずの10年であるとのことです。

◎ 亡き夫が氏子代表であった氏神様の境内での清掃ボランティアは、行き交う参拝の人からの感謝の声かけを笑顔で返し、気持ち良い森林浴の時間ともなっています。難聴というハンデがあっても、自分の工夫で乗り越え、人とのコミュニケーションを確保できている事例です。

　　家族の悩みを自転車で神社へ報告

専業主婦の女性(当時56歳)の夫（大企業の部長）は、「家のことはお前に任せた」と仕事人間で休日も接待ゴルフのため、帰宅はいつも午前様です。子どもは3人。2人は大学生で家を離れ暮らしています。高校生の末っ子は不登校で閉じこもりです。夫に相談しますと「お前の育て方が悪い」と取り合ってくれません。

「親が変れば、子も変る」と医師に言われ、朝食を済ませて夫を送り出した後、雨の日も風の日も、自転車で20分先の神社へ参拝することを誓って、実行しました。

神社では5カ所に祭壇があり、5個の5円玉を用意して参拝します。祭壇では昨日の報告と今日の無事を祈りますので、一巡しますと時間がかかります。それを3カ月続けた頃から、子どもに少し動きが出始めました。それでも続けて3年になりますと、末っ子はアルバイトで働き始め、大検を受けて大学に行く努力を始めたとのことです。

◎ 自分の健康にもなるとのご近所の勧めによる「お百度参り」は森林浴にもなり、肩こり・頭痛が取れ、自然に笑みが出始めました。息子も「こんなに俺のことを心配してくれている」と前向きになり、アルバイトと大検準備に行動を起こしたのです。自分が変わることで子供にも変化を起こせた事例です。

　　2人暮らしの高齢女性（85歳と82歳）の場合

名古屋市内の分譲マンションの3階で暮らす姉妹は、年金暮らしのため、健康に注意し節約して暮らしています。そのため雨や雪の日以外は、市バスの低床バスの時間を調べ、その時刻に合わせて敬老特別乗車券を利用し、名古屋城へ散歩に出かけます。朝食をゆっくり、しっかり食べた後、掃除と洗濯を分担して片付けます。ペットボトルにほうじ茶を入れ弁当を作り持参して出発します。公園内では2時間ほどゆっくり四季それぞれの樹木や花々を巡って散策し、気に入った場所で昼食を頂きます。月に何回かは、売店で名物のきしめんを頂くこともあります。

◎ この姉妹は，意識しているかどうかは別にして，名城公園で森林浴を十分にして自律神経のバランスを整え，躰全体の生体リズムを整え，さらに生活リズムにも規則性があります。自分たちの経済に見合った形で生活リズムを考え，用心深く，しかも，遊び心を忘れず，運動に励んでいる姿は，見習う必要があります。地域の風土や自分自身の財政などに応じて工夫しますと，だれでも自分に合った運動方法や健やかな暮らし方を発見できます。

注
（1）読売新聞「誰でもどうぞ縁側"復活"」，2005年8月3日（水曜日）くらし家庭欄。
（2）京都新聞「フリースペース　ハルハウス」，2004年10月24日版　福祉14。
（3）株式会社地域計画医療研究所著「NIRA研究報告書」，2005年9月，160頁。

15章 ボランティア活動のすすめ

ボランティアのメニュー
(種類) は健康生活
のメニューにもなります

1 ボランティアとはなんでしょう

ボランティアの本当の意味を
考え直してみます

　日本でも,「ボランティア」という言葉は身近になっています。しかし, 実際には,「ボランティアに行ってきます」と言われて,「なんと感心な！」と思っていますと, 教育委員会から1時間900円の手当てが支給され, 授業後に子どもを遊ばせる「トワイライトスクール」の指導員であったりします。
　このように日本の現状は, 低賃金労働の一種である「有償ボランティア」が幅を利かせ, 福祉労働者本来の労働対価である賃金を低率に抑え, 職業の専門化を阻害している側面は見逃せない事実です。
　ボランティアの本当の意味は何でしょうか。本来の意味を調べてみますと, ボランティア (Volunteer) とは「自由意志で志願した無償活動, (植物) 自生の(1)」となっています。

あくまでも自由意志で自発的に活動する人がボランティアと名乗ることに値し，福祉労働者の正しい評価を得る社会にすることも，ボランティアの大きな役割と考えています。

親が子どもを慈しみ育む姿や「向う三軒両隣」の共生行為に基づく介護（ケア）が原点であり，野口健氏がリーダーシップを取る富士山清掃作戦に3000人のボランティアが45トンのゴミを拾う行為にこそ価値があります。

したがって前章の家族や地域への無償の共生行為を当たり前にすることが，地域の健全化につながるボランティア・スピリット（精神）です。もっと多くの人，とりわけ雇用労働を引退した元気な人々が地域全体で子育てをすることに積極的に参加してノーマライゼーション社会になること，オープンマインドのプラス思考と互いが気楽に交流を楽しめる地域の健全化をはかることこそ，若者に夢のある人生と活躍の場を広げる可能性が拓けて行く基盤であると考えるのです。

そういった視点からさまざまな活動をしている人々を見てみましょう。

2 居ながらボランティア，クニハウスの活動

世代交流をめざす
街の縁側です

筆者は自分達の認知症防止と世代間交流を図り，地域力を高める目的で，定年を迎えた1999年3月，旧宅（125㎡の鉄筋2階建）を小規模多目的福祉施設を開設し，仲間6人（30〜70代の女性，2005年現在16人）と，ボランティア活動を開始しました。建物は地域の大学生たちのボランティア（名古屋市立大学芸術工学部：鈴木賢一研究室）によりユニバーサルデザインで改修しました。

クニハウスは「来る者拒まず，去る者追わず」をモットーに，ゲストを迎える姿勢で対等に対応し，対話することを大切にしています。訪れる人の目的によってその日の動きが変わります。訪れる人は，隣人から北は青森，西は九州まで，0歳から90代までの老若男女が，ほっと一

息つける居場所として，遊び，語らい，集います。

　たとえば，2005年12月24日午前10時，最初の訪問者は，来年1月に成人式を迎える2人の女性です。クニハウスに小学5年生で初めて来て以来ときどき訪れていましたが，高校卒業後は遠のいていました。

　懐かしく再会を喜び，10時のティタイムを共有して語らいます。1人は高校卒業後，経理担当として商社勤務し，もう1人は国立大学2年生で，将来検事を目指してのロースクール入学も視野に入れています。

　雪模様のクリスマスイブの日を10時から午後4時まで，当番の2人（66歳と62歳）とともに昼食を作り，一緒に食べ，お互いの将来の夢を語らい，15時のティタイムはクニハウス自家製のドクダミ茶を飲み，語らいます。

　この間にも，市外から訪れる男性の相談，電話での対応や宅配，障害のある子どもを持つ一家（5人）への対応など，居ながらボランティアは，出会う人への対応と新鮮で刺激的な語らいや笑い，ピアノで練習曲を披露する子どもやカルタ遊び等々，さまざまなことを十分に楽しみながら活動は午後4時に終わります。

　2006年に8年目を迎える16人のボランティアは，市内・市外から1週間に1回，月2〜5回（隔週の人も有り）の当番を担っています。毎年の来訪者は年1回の行事や会合等を含めて，延べ2500人前後です。

　運営委員会は当分，官許公益法人ともいえる今日のNPOにはしないで，自由に「まちの縁側"クニハウス"」として活動を続けようということで合意しています。

3　環境ボランティア
続けることでその価値が続いてきます

　だれでも，いつでも気があればできるのが，清掃ボランティアです。2003年に旅行で行ったニュージーランドの海岸で出会った高齢者（83歳）は，早朝に自宅から自家用車で10分離れた海岸線の道路に出ます。自家用車をゆっくり運転しながら，犬・猫の糞が目に留まりますと停車

します。後部ボンネットから手袋・塵取り・箒を取り出して糞を拾い，ビニール袋に入れて，道具を片付け，また車を発車させることを繰り返すボランティアを「毎日欠かさず10年続けている」とのことでした。「世界から観光客が来ますので，少しでも不快感を味合わないで，楽しんでほしいから」と，何事もなく静かに行動していました。それがこの女性の生きがいであり，地球人のなかのニュージーランド人としての誇りと大きな包容力が感じられます。

　名古屋市内で近所の高齢男性（80代）は，約4kmの散歩の往復に，手袋をはめビニール袋を片手に，目についた空き缶や食べ捨てた包装ビニール袋を拾いながら散歩を楽しんでいます。

　また，だれもが自宅前の道路は家の延長として，毎朝清掃することもボランティア活動です。大きな銀行や企業のショールームなどの社員は，早朝に出勤前の通勤者を意識して自社前の歩道と近くのバス停の清掃も行い，雪の日は滑らないようにと黙々と除雪をしています。ことに，濡れた1枚の落ち葉で片麻痺の人や視覚障害の人は転倒し骨折する危険性があります。秋の落ち葉シーズンの雨の日は，1枚の濡れた落ち葉でも足をとられ転んだら起き上がれないので，外出ができないと言われます。

　街路樹の清掃や雪道の除雪作業は，まちの人びと，ことに平衡感覚が弱くなってくる高齢者や障害のある人にとって，安全と安心をもたらす大切なボランティア活動です。

4　支援ボランティア
さまざまな支援の可能性を考えます

支援ボランティアの具体例をみてみましょう。

● 事例
ボランティア施設に野菜・果物を寄付している女性（85歳）の場合
30年前，独身で定年（55歳）まで働き，故郷の遺産（200坪）の土地に自宅と甥宅

の2軒の住宅を廊下でつないで建て，暮らし始めました。

専業農家である妹の指導で，敷地内に四季折々の果物や野菜を育てて，元の職場の部下であった女性の運営するボランティア施設に，毎週ダンボール1～2箱の四季の旬野菜や果物を定期便として寄付し続けています。

都会の子どもは，キュウリ・トマトの旬や野菜・果物の名前を正確には知らないことも多く，さらに収穫する季節を若い親も知らない現代では，教育にも役立つ大切なボランティア活動です。

お礼の電話には，子どもたちも加わってきます。最近は，聴力の低下があるようで，受話器を少し遠ざけての会話です。

◎ 女性の日課は，お日様とともに農作業で働き，夕日とともに終わり，夜はカラオケやTVを楽しみます。雨の日は，近所の高齢者が訪れて会食やカラオケを楽しむことを続けて，元気はつらつ，生きがいのある寄付の荷造りと宅配が7年間も続いています。支援行為が自分自身を元気づけている事例です。

(1) マネーボランティア

毎年秋の行事として日本の風土に定着している共同募金のように，お金によって生存を脅かされている子どもや人々を救うことは，共生の精神を発揮する機会であり地球人同士の助け合いです。郵便貯金通帳の端数を天引きして寄付する人も多くいます。またユニセフ（国際連合児童基金）に「5000円でビタミンA補給剤1年分を1168人の子どもに届けることができる」と寄付する人もいます。

(2) 植林ボランティア

長野県信濃町にあるC.W.ニコル・アファンの森財団では，荒れて放置されている森を再生するため，植林をして森を拡張し，動物達が困らないように寄付によって活動しています。

2005年3月，東京在住の一人暮らしの女性（83歳）が死亡しました。かねてより財団の活動に共感して支援していたことから，遺族は故人の意志を汲んで財団に遺産を寄付し，アファンの森に適した故人の好きな樹木を記念樹として2本植えることになりました。苗木が友人によって，植林され，故人の意思が引き継がれています。2005年には，8000坪の放置林が甦る機会を得ました。

（3）行政ウォッチング

行政ウォッチングの事例をみてみます。

> ● 事例
>
> 　行政と協働によるまちのウォッチャー・男性（65歳）の場合
> 　クニハウス（小規模多目的福祉施設：ボランティア運営）のスタッフが参加している名古屋市千種区役所のまちづくり推進事業は、市民との協働作業として区内にある障害のある人の諸施設とその周辺がユニバーサルゾーンであるかどうかの視点で、歩いて調べマップにする活動を進めています。
> 　そのため名古屋市立大学の学生と近所の高齢者に協力を願い、地理に詳しい高齢者が学生とともに歩いて確認しながら調べました。高齢者の感想は、「久しぶりに学生時代に戻ったようで楽しく学べ、歩くので運動の機会にもなり素晴らしいチャンスをいただいた」と大喜びです。学生も「地域の歴史まで知り学べたことで、より一層の千種区への親近感をもてたこと」を感謝して、活動を継続しています。
> ◎ 近隣関係が薄くなっていると嘆く前に、住民一人ひとり、ことに高齢者は意識的に学生や行政と協働して、次の世代にどんな障害をもつ人でも住み易いまちを遺すことは責務です。地理に詳しい高齢者とユニバーサルデザインを学ぶ学生との交流で、行政もやる気を刺激されています。世代間交流でまちづくりに貢献できた事例です。
>
> 　広報・市民新聞のウォッチャーと市議会の傍聴
> 　定年後、機会のある毎に市議会を傍聴している男性（68歳）がいます。市議会の状態をウォッチングすることが楽しいとのことです。そして、「参加することに意味があります」と、今日も出かけます。広報や生活ガイドブックの内容は、各市町村や各区によってトップ記事が大きく異なっています。それは風土の違いに加え、その地域に暮らす人びとの暮らしぶりを大きく反映しています。広報を持ち寄って比較しますと、暮らしの内容が見え、それを運営する財政問題にも関心が湧いてきます。1人でも多くの高齢者がまちの暮らしを司る行政や市議会をウオッチングするボランティア活動に参加することを期待しながら、今日も参加しているのです。
> ◎ 暮らしやすいまちづくりのポイントのひとつとして、経験や智恵をもつ高齢者が行政や議会へのウォッチャーボランティア活動が考えられます。高齢になっても政治参加の意識を持ち続けることは大切です。

注
（1）T. MATSUDA 編著『KENKYUSHA'S SHORTER ENGLISH READER"S DICTIONARY』研究社、2000年、1921頁。

16章 独居で健やかに，安心安全に暮らせるまちの条件

ゴールデンエイジは，
まちの構造が
重要になってきます

1 キウイ化させない地域の環境づくり

2足直立歩行動物としての人間を
もう一度考え直してみましょう

　前述のように人間が重力に逆らって生きる2足直立歩行の動物であり，4足動物に比べ5倍の血液を脳に循環させなければなりません。閉じこもる高齢者や若者は，それが人間本来の宿命であることを暮らしのなかで自覚して生きてこなかった，あるいは，周りの環境との相関関係でできなかった，いわゆる「生活習慣病」におちいっている人々であると言えるでしょう。

　閉じこもる高齢者や若者の行動は，本人自身の自覚の度合いとそれを容認する周りの家族や親戚・近隣の人たちの認識との相互作用によって生まれています。

　この悪循環を生んできたのは，一人ひとりの大人が，開かれた地域を意識して関ってこなかったからです。伝統文化や子どもを育み，積極的

に政治に参加しながら，地域を福祉化することによって，世代を超えて安全で安楽に暮らすことのできる居住福祉や交通福祉の充実を図る努力を怠り，雇用先の企業の拡充と個人の自由を優先してきた結果でもあります。

いつでも，だれでも気楽に他者を招くような開かれた家庭や学校作り，地域にほっとする憩いの場や交流できる場所の確保や安心して歩ける道路がなければ，高齢者は，ニュージーランドのキウイ鳥が閉じこもりで退行現象を起こして，飛べなくなったように，"キウイ化"します。

一人ひとりが，自分自身のこととして人間本来の宿命を真摯に受けとめ行動しない限り，いわゆる団塊世代が2007年から定年を迎える時代にあって，寝たきりや認知症高齢者の増加が深刻化する可能性があります。

● 事例

かかりつけの内科医と米屋の勧めで神社参拝

89歳の一人暮らしの女性は，負けず嫌いの性格で好奇心が旺盛です。しかし，地域に暮らしていた身近な知人・友人たちが，毎年，あの世へ旅立ち，話し合う相手もなく，寿会（老人会）の旅行も「人様に迷惑がかかる」と5年ほど遠慮しています。自宅の庭の手入れや周囲の清掃と自炊で，毎日なんとか暮らしていました。娘や息子は市内に住んで，お互いに週1回訪れ，おかずの持参や蒲団干し・樋の掃除など，母親ができないで困っていることを助け，さらに電話で安否確認をしています。

最近物忘れがひどくなり，かかりつけの内科医に診てもらうと「毎日，ショッピングカートをひいて出歩き，人と喋りなさい。栄養の手抜きはしないように」と言われ，行きつけの米屋に相談しました。そして，紹介されて訪れたのが300m先のクニハウス（ボランティア団体運営の小規模多機能福祉施設）です。幼児と母親，閉じこもりの若者，見学の学生から，喫茶店とまちがって立ち寄った若い男女などが思い思いに集っていました。

ここなら来てもゆったり憩えて，手芸や折り紙の新しい作品が展示してあり，気楽に行けると通い続けて新しい料理法も覚え，新しい折り紙作品に挑戦し，家に持ち帰って作品を作り，玄孫にプレゼントし，人と喋るうちに，物忘れが気にならなくなってきました。すっかり元気になり，さらに歩くためにクニハウスから300m先の神社の参拝に挑戦しました。神社は階段があるため拝殿までは行けませんが，鳥居をくぐり石段の手前で参拝して帰りにクニハウスへ立ち寄り，一休みをして家まで帰ります。最近は血圧も安定し，息子の運転する車で，生まれ故郷の先祖の墓参りもできたと喜んでいます。

◎ この高齢女性のように，人は2足直立歩行の動物であり，他者や自然と関わって，歩き，喋り，活動しないと退化する宿命にあることを忘れがちです。
　そのきっかけを与えてくれる身近に地域で暮らす人びとの存在が必要不可欠であり，きっかけを与えられたら，いくつになっても素直に反省し，認知症を進行させないよう自分自身の行動を変化させ，活動を開始しなければという判断と実行に移す努力によって，人は社会に適応して暮らすことが肝腎なことを学びます。それが，セルフケアの原点であり，健やかに暮らす源であると言えましょう。
　世代間交流でまちづくりに貢献できた事例です。

2 経済的不安の除去が必須

介護予防の根底にある
ものを考えてみます

◆ 退職年齢と年金問題

　どんなに加齢して一人暮らしになっても，気楽に安心して，安全に暮らすことのできる生活には，いくつかの条件が整っていることが必須です。

　第一は，経済的不安の除去です。これまで，多くの人は定年（60歳）から年金受給年齢（65歳）までに，子どもの独立や退職金の持ち出し，あるいは60歳から減額年金を受けて暮らしてきました。元気な間は働きたいと願いながら，働く機会のもてない人も多くいます。自営業の人たちのなかには，基礎年金だけの人も多くいます。

　2003年の国民生活基礎調査（厚生労働省）によりますと，高齢者世帯の生活意識は「大変苦しい」（19.7％）と「やや苦しい」（27.9％）が全世帯の約半数近くであるという厳しい生活状態です。経済的不安は元気さを奪う一番の問題であり，閉じこもることによって健康問題を生み，病気になり，寝たきりとなる悪循環を引き起こします。

　基礎年金は憲法第25条第1項の基本的人権である健康な生活（健康権）を保障するため，生活保護費の受給金額と同等またはそれ以上の金額に上げる運動こそが，なにより必須の緊急課題であり，政府が早急に

解決すべき課題です。

♦ **市町村の予防福祉サービスの充実**

　その一方で市町村は，基礎年金で暮らす高齢者に対して，たとえば，財政難の名古屋市の場合，2004年からは所得に応じて0～5000円の自己負担はありますが，65歳以上の高齢者に「敬老手帳」と「敬老特別乗車券」の交付をしています。名古屋市内の地下鉄・市バスがフリーのため，高齢者は家族に気兼ねすることなく気楽に気軽に縁日や無料の公共8施設に入場でき，3施設は減額入場料ですが，四季に応じた行事の開催を鑑賞することができる予防福祉の重要な施策となっています。

　そのためにも高齢者は，「自分たちのまちは，自分たちの住み易いまちに創る」意識と行動によって，後に続く若者に夢のあるまちをのこしておくことが問われています。

●事例

長期生活支援資金の調達で暮らす女性（82歳）の場合

　長年に渡って子育てと共働きの自営業で夢中に働きましたが，子どもは独立し，配偶者に先立たれて廃業。一人暮らしになってみると残った物は，40年前に建て直した自宅の家屋と土地だけ，という高齢女性（82歳）がいます。

　国民年金だけの暮らしの心細さを埋めてくれるのは，県外に嫁いだ長女から毎週，母親の元気を確かめる電話がくることと，年に2～3回，娘のプレゼントで一緒に一泊旅行をするのが楽しみです。長男は県外の大学へ進学し，そのまま就職・結婚・子育てに。長期ローンを組んで家を建てたため，将来，自宅へ戻る可能性の薄い生活状態です。それでも長男は毎年，お盆に父の墓参りと正月に3日間ほど一家で帰省しますが，2人の孫にお年玉をあげ，息子の運転する自家用車で一緒に初詣をする習慣だけで，日ごろの交流は少ない状態です。

　日常生活に不安を覚えたのは，80歳の冬の朝のおきがけのめまいと左足のこむら返りでした。病気になったらという不安と，金銭的にも寝たきりになったらという不安が強くなりました。そこで60歳から入会していた寿会（老人会）の例会で，思い切って不安な気持ちを語りました。そこで教えてもらったのが，それらの症状がおきるのは栄養を切り詰め，日中に十分な活動やウォーキングや人との交流をしない人がなりやすく，

そのうえ、うつ病や認知症になりやすいということでした。しかし一日2食に切り詰めないと家計は大変なのです。

今さら生活費に困っていると子どもたちに言えず、頼めないことでした。長男は家を売って同居することを勧めてくれますが、遠くのだれも知らない長男一家の家よりも、60年前この家に嫁ぎ、夫と自営業で精一杯働き、40年前に建て直して続けてきた商売のお陰でご近所は顔なじみ、故郷よりも長く暮らし住み慣れたこの地を離れたくないこと、できれば夫の位牌のあるこの家で死ぬこと、が一番強い願いでした。

寿会で教えてもらったのが、最寄りの社会福祉協議会で相談することでした。

さっそく友人同伴で相談した結果、「長期生活支援資金（土地・建物担保）貸付制度」を利用することでした。思い切って長男夫婦と長女に来てもらい、友人立会いでこの利用を提案したところ、「長年、お父さんと働いて建てた家と土地だから、お母さんの希望通りにして」と快諾。子ども達は友人に「これからもよろしくお願いします」と挨拶し、手続きに同行したのです。その後、女性は安心して活発に元気に、清掃ボランティアや児童館の折り紙教室ボランティアに参加して暮らしています。

貸付サービスの内容は、下記の表を参照してください。

長期生活支援資金（土地・建物担保）貸付制度

目　的：一定の居住用不動産を有し、将来にわたりその居住地に住み続けることを希望される高齢者世帯に対し、当該不動産を担保として生活資金の貸付を行うことにより、その世帯の自立を支援することを目的としています。

貸付対象者：次のいずれにも該当する世帯が対象となります。
＊借入申込者が単独で所有（同居の配偶者との共有を含む）する不動産に居住していること
＊不動産に賃借権、抵当権等が設定されていないこと
＊配偶者又は親以外の同居人がいないこと
＊世帯の構成員が原則として65歳以上であること
＊借入世帯が市町村民税の非課税世帯又は均等割課税世帯程度の世帯であること

貸付内容：貸付限度額：居住用不動産（土地）の評価額の70％程度
　　　　　貸付期限：貸付元利金が貸付限度額に達するまでの期間または借受人の死亡時までの期間
　　　　　貸付額：1月当り30万円以内の額（臨時増額可）
　　　　　貸付利子：年利3％又は長期プライムレートのうちいずれか低い利率
　　　　　償還期限：借受人の死亡時など貸付契約の終了時
　　　　　償還の担保措置：居住する不動産に根抵当権を設定　推定相続人中から連帯保証人1名を選任

＊詳しくは、お住まいの市区町村社会福祉協議会にご相談ください。

出典：あいちのふくし　愛知県社会福祉協議会、2005年7月 No.435、7頁。

3 「小学校区生活圏」の充実

半径500m以内に生活機能が
集中していることの大切さを考えてみます

◆ 小学校区内に生活機能の充実を

　1970年代から始まった車社会と大型スーパーの進出は，地域の商店街を「シャッター通り」に変貌させ，歩道は疾走する自転車道路となり歩く人はまばらとなりました。

　24時間コンビニエンスストアの明かりに群がる蛾のように，夜明けでもあちこちに子どもの群れが目立ちます。商店の子どもは後を継ぐことをためらい，シャッターのなかでひっそり暮らしている高齢者が多く見えます。

　この問題は自営業の人ばかりの問題ではなく，障害のある人，ことに視覚障害の人にとっては，大変な生活問題です。八百屋・魚屋・果物屋・乾物屋・金物屋などの独立した商店での買い物は，会話のなかで品物を選び，作り方や使い方を学び，重い品物はあたり前のように運ぶサービスをするなど，会話によって日常生活が支えられ，共生行為の介護が成り立っていました。

　安全に安心して暮らせる環境が必要なのは，幼児や子どもを持つ親にとっても，高齢の1人暮らしや高齢夫婦でも同じ生活問題です。超高齢社会を迎える今日，やっと車社会を前提とした大型スーパーの繁栄に陰りが出てきましたが，相変わらず地域の人びとの暮らしを脅かしています。

　前述した一人暮らしの高齢男性（91歳）や多くの高齢者から学ぶことは，小学校区（半径500m位）内に，高齢者が健やかに暮らせる生活機能の自立を満たす諸条件があれば，90歳を超えても一人暮らしが可能であることです。

　子どもの減少で小学校を統廃合する市町村がありますが，効率化による合理化ではなく，100年先を見る観点から，"コミュニティスクール"として高齢者や障害をもつ人に開放し，デイサービス教室や世代間交流

教室を作ってはどうでしょうか。そして子どもの増加期には教室に戻すというように，複眼的視野をもって小学校区を残すことが，乳幼児から高齢者，どんなに重い障害のある人にとっても優しいまちの生活圏となり，価値の高い生活ができる智恵なのです。

そして，この生活圏内には，

表　生活圏に必須のこと

① 安心して歩くことのできる歩道に，100〜200メートル毎に休憩できる木陰かバス停にベンチがある
② 会話ができ食材や日用品を気軽に整えることのできる商店街がある
③ かかりつけ内科医と歯科医のクリニックと保健所または健康福祉ステーション（公共機関）がある
④ 年金受給や支払いのできる金融機関がある
⑤ 安心して散歩のできる歩道に並木，公園と公共施設や神社・仏閣に行ける低床バス等の交通アクセスがある
⑥ 気軽に立ち寄れ，地域の人と交流できるコミュニティスクールや憩いの場がある
⑦ 銭湯がある
⑧ 緊急時の救急連絡網が整備できている

上表のことがどんなに加齢しても安心して安全に暮らすために，必要不可欠なまちの在り様です。

◆ 暗い休日

日常の暮らしのなかで，経済的な問題をもつ高齢者や障害をもつ1人暮らしの人が，もっとも苦痛を感じる曜日は，土・日曜日と祝日です。

休日のデパートや公園は混雑するため行くことをためらい，1日誰とも喋らず，TVから聞こえてくるニュースは海外旅行の状況や帰省渋滞や事故のことばかりです。食事は節約もあって不規則，1日の運動量も少なく，その結果浅い眠りや不眠が続き，うつ状態や認知症に陥る人も多くなります。

また生活保護で1人暮らしの男性高齢者（77歳）の場合は，共同炊事場で風呂のないアパートのため，食費はタバコ（1日60本）と酒を

優先し，カップラーメンやパンと牛乳・野菜ジュースの買い食いで終わる状態です。

さらに，精神科病院のデイサービスに通所している生活保護の女性（58歳）の場合は，午前11時頃まで眠り，起きてタバコを一服吸い（1日20本），朝食と昼食を兼ねた食事（ご飯・味噌汁・卵焼き・ミニトマト・レタス），夕食は焼きうどんで，おやつはジュースとスナック菓子をよく食べ，肥満の悩みをもちながら，ぼんやりと1日を過ごします。

◆ 安心と安全なまちづくり

このような住民一人ひとりの健康に一番必要な対人社会サービスは，1日の活力源である模範的な朝食・昼食を提供することです。

その意味において，小学校は給食もあり地域の健康福祉拠点，コミュニティスクールとして機能すれば，有効な公共財として活用できます。

低所得高齢者や生活保護を受けている人，障害をもつ人，さらに幼児や小・中学生をもつ共働き家族など十分な朝食を摂れない人々に模範的な食事を提供して健康回復を促進することは，まちの人との交流を促進し，閉じこもりを減らし，うつ状態や認知症に陥る人を減らす予防重視型システムとして一番よい方法です。

このことは2007年問題といわれる団塊の世代の一斉退職やフリーターの雇用問題の解決，ニートと呼ばれる人たちの就労支援の場としても有効な方法となるものです。

4 生活の質（QOL）を支える専門家のペア訪問

高齢期になっても居住地で，
安心して，安全に暮らせるということは

市町村における高齢者支援サービス対象者と障害のある人びとに対する最優先課題は，一人ひとりの暮らす生活の場へ出向き，健康な生活を支え，QOLを高める福祉と医療の専門家のペアによる家庭訪問を実施することです。

このことは，人間の行動は人と環境の相互作用によって生まれることを，福祉と医療を担う専門家と行政は，なによりも深く認識し，そのための施策変革が緊急課題なのです。

　地域における暮らしのなかで，日常生活における生活機能のどこに問題が生じているのか。どうすればその高齢者のQOLを高めることができるのかを，このペア訪問によって評価し，本人や取り巻く家族をはじめ近隣や地域環境に応じた具体的な支援策を立案し，家族や近隣の協力のもとに，具体的に支援するのです。

　この方法は，すでにスコットランドのスコティッシュボーダーズで実施され，認知症高齢者を含む精神病院を2000年に閉鎖した実績を持ち，つねに利用者本位にコミュニティヘルスケアの活動を展開しています[1]。

　高齢者だけの問題ではなく，たとえば，糖尿病，高血圧，閉じこもる若者，虐待の可能性のある家庭，自律と生活機能の自立に困難や障害のある人の日常生活のなかで，福祉と医療の専門家ペアがその人の生活の視点から評価をしない限り，地方自治法の理念である"利用者本位の原則"には程遠い状態の行政であると言えましょう。

　たとえばある高齢者が保健所と生活保護費の両方を必要とする場合，別々の場所に出向いて問題を解決しなければならないというように，非常に無駄な縦割り行政になっています。まちや行政のありようを健康面に問題を抱える高齢者本位に考えて，一人ひとりの住民が行政と協働して変革をしない限り，深刻化する超高齢社会への対応が十分でなく，ますます若者の夢を奪う地域になってしまうことが予測されます。

　その意味で，2006年の介護保険制度改正によって予防重視型システムへの転換の一環として，「地域包括支援センター（介護予防ケアマネジメント）」を創設（後述）したことは，地域ケアが市町村の責務であることを明確にしたこととして注目されます。またより充実した展開ができるように，厚生労働省や都道府県との関連，主に財政的支援を視野に入れた改善をしていくことが重要です。

　一人ひとりの高齢者にとって，改正介護保険制度の実際を地方自治法による地域福祉計画理念の五原則である「地域の個別性の原則」に基づ

き，たとえ，高齢期に一人になっても居住地で，安心して，安全に暮らす新たな専門的介護支援方法の充実した展開が重要です。そのため「利用者主体の原則」の立場から，「ネットワーク化の原則」として情報公開の徹底による情報の把握や「公民協働の原則」と「住民参加の原則」によって活性化していくことが，運営主体である市町村と住民の両者に問われている重大な問題であるといえましょう。

したがって，運営主体（保険者）である市町村は住民の意見を積極的に取り入れながら展開する責務がある一方，その一翼を担う住民，ことに，一人ひとりの高齢者には，介護保険制度を「利用する，しない」にかかわらず，より良い予防重視システムの要である「地域包括支援センター」の充実を創りあげていくという，重要な役割があるとともに，続く後輩への責務であるといえましょう。

注
（1）ディングルトン病院記録保存グループ編著，丹羽國子訳『コミュニティ物語ディングルトン病院 メルローズ』アリスト，2005年。

17章 改正介護保険制度の上手な利用方法

介護保険が改正
されました，そのポイント
を理解しましょう

1 はじめて介護保険制度を利用する人へ

介護保健制度の
骨格を考えてみます

　介護保険制度は強制加入と申請主義の社会保険です。そのため加入できる条件は，①65歳以上高齢者の「第1号被保険者」，②40歳から64歳の医療保険に加入している「第2号被保険者」です。運営主体（＝保険者）は市町村です。

　医療保険に加入せずに生活保護を受給している人が介護サービスを受ける場合は，生活保護法に沿って介護認定審査会で審査判定をするシステムですので，生活保護の窓口に申請します。市町村によっては，独自の基準を設けています。

　たとえば京都市の場合，外国籍の人は日本国籍のない人でも，①市内に住む65歳以上の人，②40歳以上65歳未満の医療保険に加入し，②－1：京都市に外国人登録をしている人で，入国当初に決定された在

留期間が1年以上の人，②-2：入国当初の在留期間が1年未満でも，京都市に外国人登録をし，入国時に入国目的で1年以上日本に滞在が認められる人，のいずれかに該当しますと，京都市の介護保険制度の被保険者になることができます。

したがって，介護サービスを必要とする場合は，できるだけ早く市町村の介護保険サービス担当者に相談することが賢明です。

介護保険制度の費用負担は，図1の通りです。この費用負担は，3年

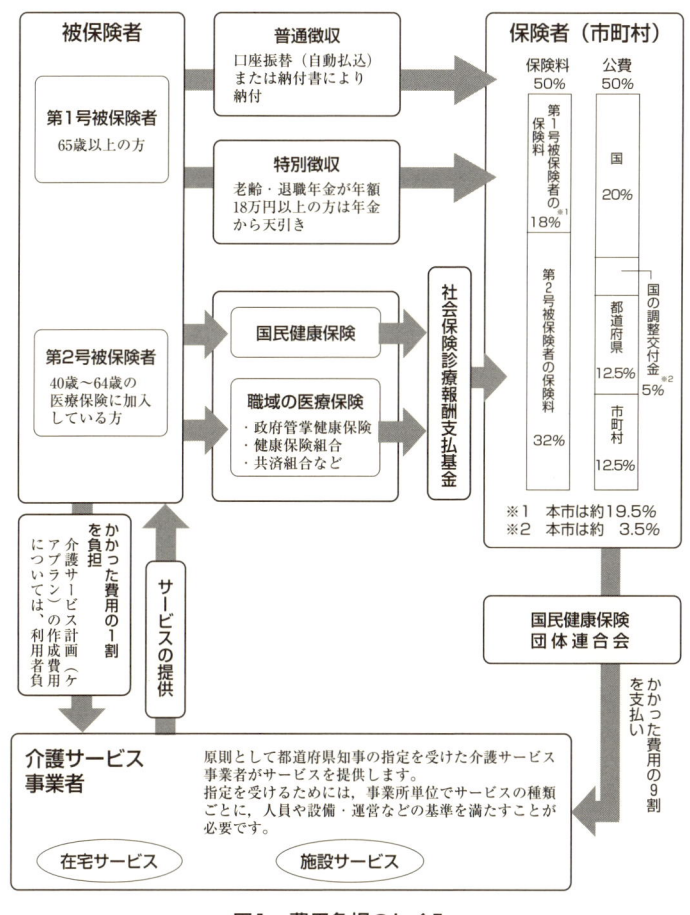

図1　費用負担のしくみ
出典：名古屋市健康福祉局高齢福祉部介護保険課『支えあい育てる介護保険制度』2005年。

毎に見直すことになっていますので，動向を市町村の広報で確認する必要があります。

　被保険者が支払う保険料は，運営主体（保険者）である市町村で決められます。被保険者が介護保険で利用を申請し，認定を受けて介護サービスを受けて支払う費用は全国一律で1割ですが，市町村によって保険料が違います。そのため，たとえ1割といえども，その額は異なってきます。より質の高い介護ケアが，公平に低料金で受けることができるかどうかは，各居住地における一人ひとりの住民の意識にかかっています。

2　第1号被保険者が介護サービスを受けるには
介護サービスの前提に
なっているものはなんでしょうか

◆保険料は年金から天引きか自分で納付するシステム

　介護保険料は，所得に応じて5段階に定められ，その規定に基づいて，老齢・退職年金が年額18万円以上の人は年金から天引きです。自営業の人は口座振替や納付書で納付になります。

　65歳になりますと運営主体である市町村から「介護保険被保険者証」と介護保険制度の利用方法のパンフレットが送付されます。しっかり読んで活用することが肝要です。

◆介護サービスの上手な活用

（1）よく理解すること

　まず，熟知することです。加齢して一人暮らしになっても，できるだけ自律と生活機能の自立を維持して，住み慣れた家庭や地域で暮らしを続けたい場合，さらに，早期発見・早期リハビリテーションが重要な認知症の場合，新設された介護予防サービスを含めた介護保険サービス（後述）を上手に利用することで苦しさや悩みを解消しましょう。

　65歳になって介護保険被保険者証が届いた場合や40歳以上の第2号被保険者の人で，表1の加齢に伴う15種類の病気をもつ場合は，でき

るだけ早く相談窓口に出かけて，十分な説明を受けておくことが必要です。また，女性会や寿会（老人会）などで講習会を設けて，介護保険サービス担当者に来ていただき，十分説明を受けて熟知し，広報や新聞等やインターネットを活用して，自分自身の居住地における介護サービスの内容を確認しておくことが賢明です。

（2）本人が行くこと

相談に行く場合，子どもや嫁に任せきりにするのではなく，必ず本人ができるだけ身近な人を同伴して相談窓口である市町村の介護福祉課へ出向いて，担当者から十分に説明を受けることです。担当者は，高齢者自身の状態から，どこの何を重点に説明するかの的確な判断できます。そのためぜひ出かけて学習してから申請してください。

名古屋市の場合，区役所の介護福祉課に利用相談に行きますと，介護保険のしくみの簡単な説明と最新の「居宅介護支援事業所ガイドブック」（平成17年10月発行）を無料で渡されます。このガイドブックは相談に来た対象者のみに渡されます。

そして，①介護サービスを受けるまで，②自宅で受けるサービス，③通所で受けるサービス・短期入所で受けるサービス，④施設で受けるサービス，⑤介護の身近な相談窓口・居宅介護支援事業所一覧（16区毎，地図付きの一覧内容），⑥介護サービス事業所一覧表，⑦福祉用具の購入費の支給，⑧住宅改修の支給，⑨配食サービス（名古屋市介護保険特別給付）の利用方法，⑩配食サービス事業者一覧表，⑪介護サービス利用料金早見表，の内容を丁寧に説明してくれます。

このガイドブックは，都道府県または指定情報公表センターからインターネットで公表することになりました。利用者に対して，自分の居住地の介護サービスを的確に選ぶために必要な事業者情報の公表制度が開始されたからです。大いに活用すべき内容ですので，自分自身で活用するだけでなく，仲間と学習する機会をもち，先輩や後輩の第2号被保険者にも伝えるために活用することが良い方法です。

（3）利用する場合

　介護保険制度が改正（2006年）されましたので，後述の改正内容を読まれた後，「介護保険被保険者証」を持参し，住まいの市町村の介護福祉課へ要支援・要介護認定を受けるための申請をしてください。指定居宅サービスまたは，介護保険施設や介護療養施設サービスを受けたい人は，「介護保険被保険者証」とともに老人保健の健康手帳を添える必要があります。

（4）市町村独自の介護保険特別給付を利用する場合

　介護保険は運営主体（保険者）である市町村が，住民のニーズに応じて独自に事業を実施しています。そのため，居住地の市町村が介護サービスをどんな内容で提供しているかを知ることが大切です。

　もう1つ名古屋市の事例を紹介しましょう。

　介護保険の介護サービスの1つとして，2003年10月から，第1号被保険者に該当する高齢者に対して，自宅まで食事を配達するとともに本人の安否の確認をし，必要な場合は関係機関に連絡するという，独自の生活援助型配食サービス（市町村特別給付：このサービス費用は第1号被保険者の保険料を財源としている）を実施しています。

　利用限度は1日1食（昼食または夕食）です。利用者負担は，①食事代の全額，②安否の確認などに要する経費（200円）の1割（20円）です。

　利用方法は，利用者が名古屋市の指定業者（居宅介護支援事業所ガイドブックを活用）を選択して直接申し込みます。

　配食サービスのみであれば，自費でもう一食追加配達を依頼することもできます。

　この事例のように風土・産業・地域の在り様の異なる市町村が，地域に暮らす一人ひとりの住民のニーズに対して，市町村の財政を福祉サービスとして介護保険制度を作り変えていくことも，専門的介護サービスの充実になり，どんなに加齢しても安心して暮らすことにつながります。

◆ 高額介護サービス費の活用

　介護サービスの利用者が，1カ月間支払う1割負担額（福祉用具購入

費と住宅改修費の1割負担，居住費・食費・理美容代・配食サービス等の特別なサービス費用は介護保険の対象外）が支給限度額の上限を超えた時には，申請により高額介護サービス費として，その超えた額が支給されます。初回に申請すれば，以後は自動的に口座に振り込まれます。2005年の介護保険改正で引き下げられましたので，改正点を確認してから市町村の介護保険課へ申請してください。

◆ 利用者負担の減免制度の活用

災害による著しい損害や生計を支える人の長期入院など特別の事情がある場合や，負担が一時的に困難になった人に対して，利用者負担を減免する制度です。市町村の介護福祉課に相談し，申請してください。

3 第2号被保険者(40歳から64歳)が介護サービスを受けるには

第2号被保険者の
注意点をチェックします

40歳になって医療保険に加入している人は，介護保険料を医療保険料（医療保険分＋介護保険分）として運営主体である保険者の市町村に支払い，「第2号被保険者」になります。保険証は，①保険証の交付申請のあった人，②要介護認定等の申請をした人，に交付しています。したがって申請しなければ保険証の交付はありません。

介護サービスを利用できる人は，脳血管疾患や関節リュウマチなど加齢に伴う15種類の病気（表参照）により，介護や支援が必要となった人で，申請手続き後認定された人が，申請日からさかのぼって介護サービスが受けられます。

申請は居住地の市町村の介護福祉課窓口です。

生活保護受給者は生活保護法の窓口に相談してください。

表1　加齢に伴う15種類の病気

1	筋萎縮性側索硬化症	9	糖尿病性神経障害，糖尿病性腎症および糖尿病性網膜症
2	後縦靭帯骨化症		
3	骨折を伴う骨粗しょう症	10	脳血管疾患
4	シャイ・ドレーガー症候群	11	パーキンソン病
5	初老期における痴呆（認知症）	12	閉塞性動脈硬化症
6	脊髄小脳変性症	13	関節リウマチ
7	脊柱管狭窄症	14	慢性閉塞性肺疾患
8	早老症	15	両側の膝関節または股関節に著しい変形を伴う変形性関節症

出典：名古屋市健康福祉局高齢福祉部介護保険課『支えあい育てる介護保険制度』，2005年10月，3頁．

4　2005年改正の背景と主な改正点

介護保険法の改正点を
考えてみましょう

　2000年に始まった介護保険制度の全国要介護度別認定者数の推移は図2の通りです。

　5年間で要介護度別認定者数が約1.9倍に増加しているのは，全国に介護保険制度が定着した結果であると言えます。

　しかし運営主体（保険者）である市町村とそれを支える都道府県・国

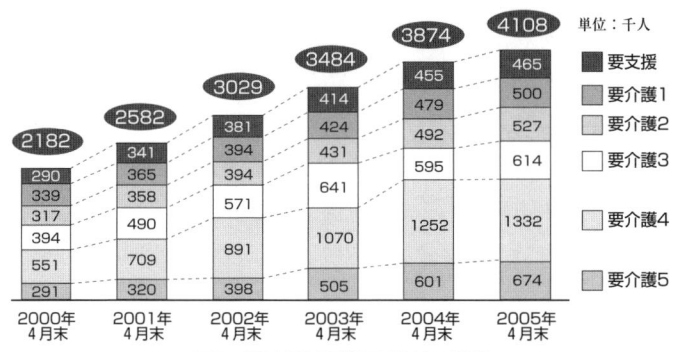

図2　要介護度別認定患者の推移

	2000年4月末	2001年4月末	2002年4月末	2003年4月末	2004年4月末	2005年4月末
合計（千人）	2182	2582	3029	3484	3874	4108
要支援	290	341	381	414	455	465
要介護1	339	365	394	424	479	500
要介護2	317	358	394	431	492	527
要介護3	394	490	571	641	595	614
要介護4	551	709	891	1070	1252	1332
要介護5	291	320	398	505	601	674

出典：川上雪彦『介護保険制度改正点の解説』社会保険研究所，2005年．

は，要介護2～5度利用者の増加に比べて，要支援2.3倍，要介護1が2.4倍と要介護度の低い段階の利用者の急増に注目しています。日本の人口構成が，年齢3区分の人口のなかで高齢化率が進んでおり（図3，表2参照），第2次大戦後のベビーブーム世代が2015年までに高齢期に入ることなどから，財政負担の軽減や「介護保険制度の持続的維持」を図る目的も含めて，改正しました。

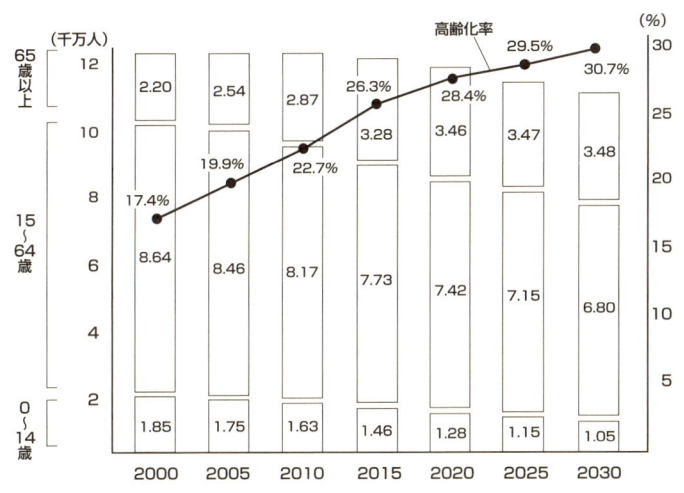

図3 日本の高齢化の進展（年齢3区分の人口の推移と高齢化率）
出典：川上雪彦『介護保険制度改正点の解説』社会保険研究所，2005年。

表2 現在の高齢者と将来推計

年	2005	2015	2025
高齢者（万人）	約2500	約3300	約3500
認知症高齢者（万人）*	約169	約250	約323
一人暮らし高齢者（万世帯）	約386	約566	約680
*認知症自立度Ⅱ以上の高齢者			

出典：厚生労働省介護保険制度改革本部『介護制度の見直しについて』より作成。

◆ 食費・居住費は介護保険対象外の自己負担です

　厚生労働省は，介護保険制度のなかに施設利用者の居住費・食費給付

が含まれることは，在宅サービス利用者に比べて利用者負担の公平性の面で問題があり，介護保険と年金との重複給付を調整しなければならない，として，施設・ショートステイ・通所サービス利用者に対する居住費・食費給付を除外しました。その対応策として，市町村税の非課税者世帯の利用者を対象に，低所得者対策を設けました。

しかし，その低所得者対策でも利用者の負担限度額（1.0〜2.0万円）を定め，基準費用額から差し引いた額を補足給付として支給することになっています。この補足給付の対象となる利用者負担第1・第2・第3段階の人には，毎年6月ごろ，保険者（運営主体の市町村）から，申請によって「負担限度額認定証」が交付されます。認定期限は7月1日から翌年6月末までとする認定証には，①適用年月日，②有効期限，③食費の負担限度額，④居住費または滞在費の負担限度額（居住環境よって分けられた五種類別），⑤注意事項が記載されています。

これの根本的問題は，介護保険制度そのものに存在する矛盾です。介護保険制度は，①介護給付を請求する権利の保障，②認定審査をともなう「生活上の事故」に備えた，私保険の原理と社会保障の原理が統合された社会保険なのです。

これが社会保障よりも私保険のもつ契約的な性格が政策上優位になりますと，保険料滞納などの場合に利用できない事態が出てきます。

2005年の介護保険制度改正は「応益負担の原則」が徹底されたため，利用の抑制と貧富の差によって居住環境や食事内容が異なってくることが明らかとなると同時に，一人ひとりの高齢者が住みなれた地域で安心して暮らすことのできる高齢者福祉サービスに対する市町村の責務が明確になった改正であると言えましょう。

◆ **食費は標準的基準（月額4.2万円）を基に利用者と施設の契約で決定します**

施設・ショートステイ・通所サービス利用者は，10月から標準的な食費（月額4.2万円）を自己負担することとなりました。標準的な食費の自己負担額の内容は食材料費と調理にかかる費用です。栄養管理については，保険の対象となりますので補助が受けられます。

◆ 居住費は施設とショートステイの居住環境に応じて自己負担になります

　居住環境に応じた標準的居住費の自己負担内容は下表の通りです。この基準を基に具体的には個別の施設と利用者の契約により決定します。

表3　標準的居住費

居住環境	自己負担	標準的居住費（月額）
ユニット型個室（共同リビングルーム併設で隣室と完全に独立個室）	室料＋光熱水費	6.0万円
ユニット型準個室（共同リビングルーム併設で隣室と完全に独立していない個室）	室料＋光熱水費	5.0万円
従来型個室（共同リビングルーム併設のない個室）	室料＋光熱水費	5.0万円。特別養護老人ホームは3.5万円
多床室（他の入居者と共同の部屋）	光熱水費	1.0万円

出典：『介護保険制度改正点の解説』社会保険研究所, 2005年, 17頁。

◆ 予防重視型システムへの転換が行われました

　厚生労働省は図4の通り，介護が必要となる原因が，おもに脳卒中や生活習慣病，認知症などであり，早期の予防とリハビリテーションを行えば改善する可能性が高いと考え，予防対策を重視した地域に根ざした

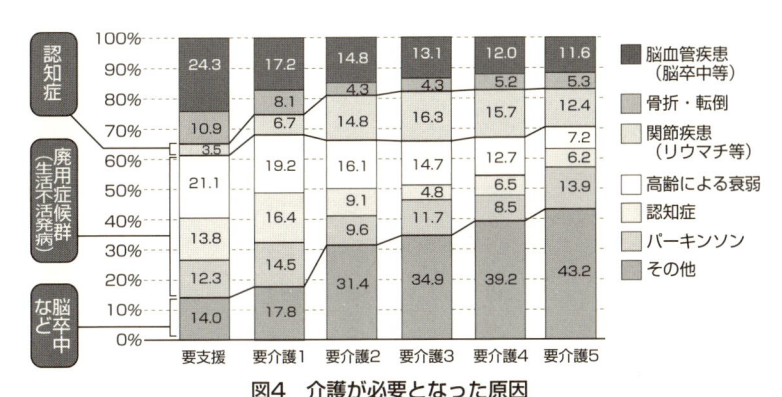

図4　介護が必要となった原因
出典：川上雪彦『介護保険制度改正点の解説』社会保険研究所, 2005年。

介護サービスを展開する方向，いわゆる「予防重視型システム」を目指す方向へ方針を転換しました。概要は，図5の通りです。

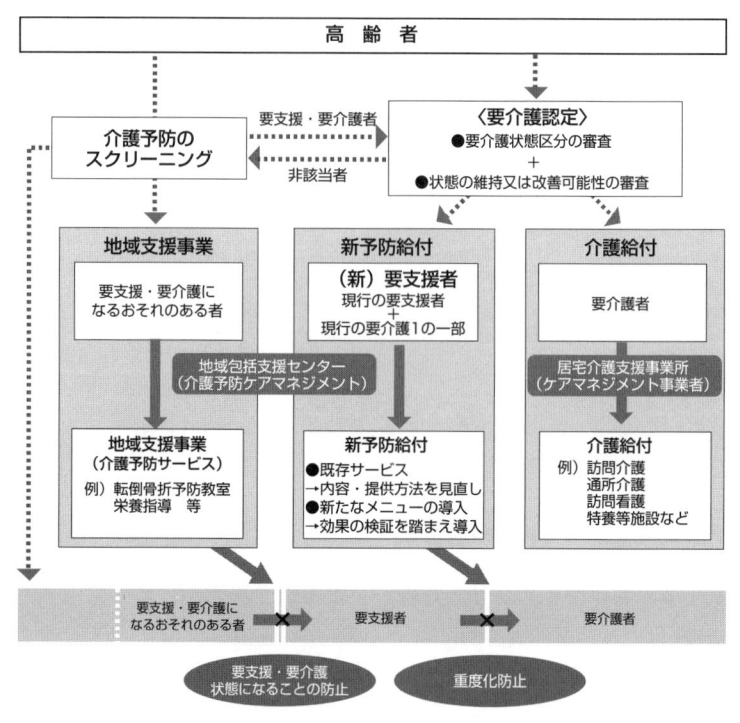

図5　予防重視型システムの全体像

出典：川上雪彦『介護保険制度改正点の解説』社会保険研究所，2005年。

（1）認定区分の変更

介護保険の認定区分は，つぎのように改正されました（2005年）。

表4　認定区分の新旧対比

旧区分	要支援	要介護1		要介護2	要介護3	要介護4	要介護5
改正後	要支援1	要支援2	要介護1	要介護2	要介護3	要介護4	要介護5
	新予防給付　→		←　介護給付				

従来の認定区分「要介護1」は「要支援2」と「要介護1」に分かれ，「要支援1」と「要支援2」が新たに予防給付の対象になりました。
　2006年4月1日以降の新たな認定申請と，従来の認定の更新申請の時から，新予防給付の選定が始まります。しかし，地域包括支援センターの体制が整わない市町村は新予防給付を2007年度末までに開始すれば良いことになっていますので，居住する市町村がどのような進みぐあいにあるかを問合わせる必要があります。
　主な介護サービスの新しい報酬基準額は，施設サービスを除いて，表5の通りです。

（2）地域支援事業

　地域支援事業は，介護が必要になる恐れがあると考えられる人（虚弱高齢者）が対象で，市町村が運動機能の向上や栄養改善など介護予防サービスを提供します。地域支援事業の創設によって，従来の老人保健事業が見直されることとなりました。
　そのため，介護保険は，①介護予防事業（第1号被保険者を対象とした，要介護になることの予防と要介護になった際の軽減や悪化の予防事業）をトップに，包括的支援事業として，②介護予防ケアマネジメント事業，③総合相談・支援事業，④権利擁護事業（虐待の防止や早期発見のための事業），⑤包括的・継続的マネジメント事業（支援困難事例に関するケアマネジャーへの助言，地域ネットワークつくりなど）を必須事業としました。
　具体的な内容は，生活習慣病予防のために心身の活性化を図って外出の機会を増やす，生活リズムの維持のために余暇・健康つくり教室や専門家による講習会に出席する，介護予防のために口腔ケアや筋力トレーニングや運動機能を向上させる，栄養改善に配慮するなどの他に，閉じこもり予防，うつ予防，認知症予防に努めるなどです。これらは報酬基準額の給付対象として位置づけられたものや各市町村の住民の要望に応じて企画実施されますので，被保険者は，介護保険を住民が協働で作り上げていくという気概を持つ必要があります。その意味において，ベビーブーム世代の今後の活動が注目されます。

表5 主な介護サービスの新たな報酬基準額

介護予防サービス			
①訪問介護（1カ月）			
要支援1	（週1回程度）		12,340
	（週2回程度）		24,680
要支援2	（週1回程度）		12,340
	（週2回程度）		24,680
	（週3回程度）		40,100
②通所介護（1カ月）			
要支援1			22,260
要支援2			43,530
※筋力トレーニング2,250円，栄養改善1,000円，口腔ケア1,000円，創作活動など機能訓練810円，事業所評価1,000円を加算（いずれも1カ月）			
※支給限度額（1カ月）			
要支援1			49,700
要支援2			104,000

地域密着型サービス	
①認知症高齢者グループホーム（1日）	
要支援2	8,310
要介護1	8,310
要介護2	8,480
要介護3	8,650
要介護4	8,820
要介護5	9,000
②小規模多機能型居宅介護（1カ月）	
要支援1	44,690
要支援2	79,950
経過的要介護（現行の「要支援」）	44,690
要介護1	114,300
要介護2	163,250
要介護3	232,860
要介護4	255,970
要介護5	281,200
③夜間対応型訪問介護	
（Ⅰ）オペレーションセンターあり	
基本費（1カ月）	10,000
定期巡回で訪問（1回）	3,470
随時の訪問（1回）	5,800～7,800
（Ⅱ）オペレーションセンターなし	
基本費（1カ月）	27,600

在宅介護サービス	
①訪問介護	
〈身体介護〉	
30分未満	2,310
30分以上1時間未満	4,020
1時間以上1時間半未満	5,840
以降30分ごとに	830
〈生活援助〉	
30分以上1時間未満	2,080
1時間以上	2,910
〈介護タクシー〉	1,000
②訪問入浴介護（1回）	12,500
③訪問看護	
〈訪問看護ステーションから〉	
20分未満（早朝，夜間，深夜のみ）	2,850
30分未満	4,250
30分以上1時間未満	8,300
1時間以上1時間半未満	11,980
緊急時加算（1カ月）	5,400
〈病院・診療所から〉	
20分未満（早朝，夜間，深夜のみ）	2,300
30分未満	3,430
30分以上1時間未満	5,500
1時間以上1時間半未満	8,450
緊急時加算（1カ月）	2,900
④訪問リハビリ（1日）	5,000
⑤通所介護	
〈通常規模型事業所〉	
（6時間以上8時間未満）	
経過的要介護	6,080
要介護1	6,770
要介護2	7,890
要介護3	9,010
要介護4	10,130
要介護5	11,250
〈療養通所介護〉	
3時間以上6時間未満　1日	10,000
6時間以上8時間未満　1日	15,000
⑥通所リハビリ	
（6時間以上8時間未満）	
経過的要介護	5,910
要介護1	6,880
要介護2	8,420
要介護3	9,950
要介護4	11,490
要介護5	13,030
⑦特別養護老人ホーム（従来型個室）への短期入所（1日）	
経過的要介護	4,500
要介護1	6,070
要介護2	6,780
要介護3	7,480
要介護4	8,190
要介護5	8,890
⑧老人保健施設（従来型個室）への短期入所（1日）	
経過的要介護	5,580
要介護1	7,320
要介護2	7,810
要介護3	8,340
要介護4	8,880
要介護5	9,410
⑨ケアハウス，有料老人ホームなどの利用（1日）	
要支援1	2,140
要支援2	4,940
経過的要介護	2,140
要介護1	5,490
要介護2	6,160
要介護3	6,830
要介護4	7,500
要介護5	8,180
⑩ケアマネジメント（1カ月）	
（標準担当件数=35件を超える程度により単価が異なる）	
要介護1，2	4,000～10,000
要介護3，4，5	5,200～13,000
経過的要介護	8,500

(3) 新予防給付

　改正後の「要支援1」と「要支援2」の要支援認定者を対象に，要介護度の悪化を予防するサービスを謳っています。しかし表5のように，1割負担で利用できる支給限度額（1カ月）は，それぞれ月額4万9700円と10万4000円になり，従来の「要支援」・「要介護1」に比べて低額となっています。そして，介護予防サービスとして「訪問介護」と「通所介護」，さらに，「通所リハビリテーション」に「定額制（月単位）」が導入されました。

　さらに，「筋力トレーニング」，「口腔ケア」，「栄養改善」の3種類が選択的サービスとして新設されました。利用する場合はこれらを組み合わせて，定額までは1割負担で済みますが，超過分は自費となります。

　したがって，自分で一番してほしい介護の優先度と家計事情を考えて，ケアマネジャー（介護支援専門員）や社会福祉士に相談することが賢明です。

　そして利用者の「要支援度」が一定期間内（原則1年）に改善した場合は，提供する事業者に「事業所評価加算」が導入されました。したがって，介護保険は，本来も利用範囲内であった内容に加え，予防介護サービスを定額制として導入し，従来から過重労働状態といわれる事業所の専門的介護者に対し，専門的介護の質的な向上を課して，労働をより強化する内容になっています。

(4) 地域包括支援センターの創設

　地域包括支援センターは，各市町村が2～3万人の圏域を設定して対応することになりました。具体例として名古屋市を見ましょう。

　名古屋市の地域包括支援センターは，人口が221万5031人（20005年10月現在），高齢化率が16.8％（2004年10月現在）を16区に分け各区に1～2カ所（業務量に応じて），計29カ所設置されます。その役割は，図6の通りです。

　図6のように，名古屋市が委託した地域包括支援センターには，主任介護支援専門員（愛知県が2006年1月23・24日に介護支援専門員に研修を実施：支援困難事例への対応などケアマネジャーへの支援をする）

と社会福祉士（福祉の専門家として訪れる高齢者の相談窓口になり，ことに虐待や権利擁護などを担当し，行政・医療・福祉機関等のサービスにつなぐ）と保健師（保健医療の専門家として介護予防のケアマネジメントを担当。ただし，業務の一部を居宅介護支援事業者に委託できる）を配置しています。

そして，名古屋市に29カ所の地域包括支援センターの運営を支援する「地域包括支援センター運営協議会」を設置して，各センターの運営支援と評価などを行います。

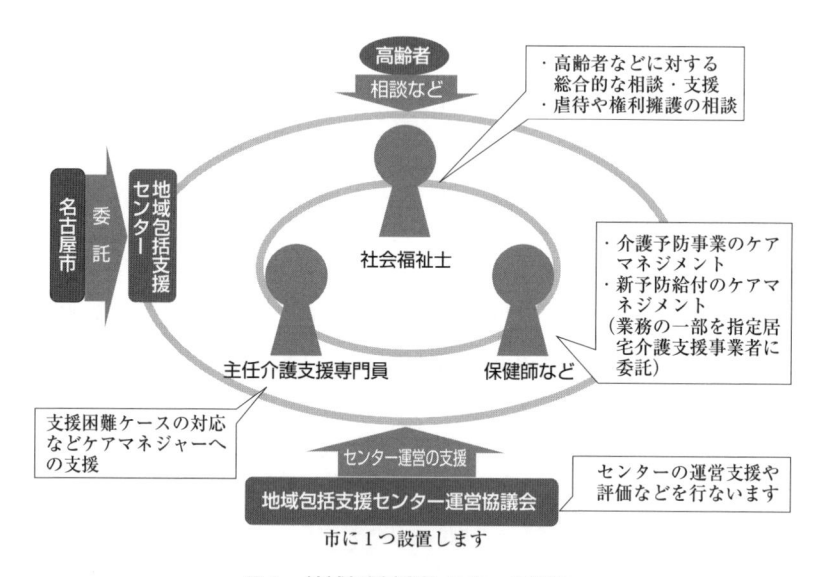

図6　地域包括支援センターの役割

出典：名古屋市（2005年）。

この創設によって，一人ひとりの高齢者の健康な生活を支える福祉と医療の連携が強化されます。ことに社会福祉士の配置は，今後の健康政策・社会政策におけるサービス・制度・政策の展開に大きな役割を果たすものと言えましょう。

（5）地域密着型サービスの創設

一人ひとりの高齢者が，一人暮らしになっても住みなれた地域で専門的介護支援を受けながら安心して暮らすことができるように，介護保険

の認定で要介護1～5度を対象とする地域密着型サービス（表5参照）が創設されました。国の基準範囲内で市町村長が独自に介護報酬と指定基準が設定でき，サービス費は現物給付です。

　そのため，原則として，その市町村の被保険者のみがサービスを利用することができます。そして，①生活圏域ごとに必要な整備計画量を定め，これを超えた場合は市町村長が指定を拒否できること，②地域の実情に応じて弾力的に指定基準や報酬設定ができること，になりました。そのため，公正・公平の観点から地域住民が関与するしくみにしなければならないことになりました。

表6　地域密着型サービス

①小規模特別養護老人ホーム	……　定員30名未満の入所施設
②小規模多機能型居宅介護	……　訪問，通所，一時宿泊の複合施設
③認知症高齢者グループホーム	……　認知症の方が共同生活する施設
④夜間対応型訪問介護	……　夜間の緊急時に対応する見守りサービス
⑤認知症対応型通所介護	……　認知症の方専用のデイサービス
⑥小規模有料老人ホーム	……　定員30名未満の入居施設

出典：名古屋市介護保険課「ここがかわります！！　介護保険制度」，2006年4月実施分より引用・作成。

　これまで老人ホームのイメージは「世間体が悪い」「お上の世話にはならない」など暗いものが多い一方，高齢者諸施設も住み慣れた地域から遠く離れた郊外に多く建てられ，高齢者本人の選択よりも過重な介護負担を解消したいという家族の意向を優先しがちな入所であるという現実がありました。

　そして入所した高齢者は，これまで培ってきた友人との付き合いをあきらめ，あるいは縮小し，そのうえ長期間入所によって家族とも疎遠になる人も多くありました。

　これらの創設によって，たとえ一人暮らしで要介護度が重度化する状態になっても，長年住み慣れた居住地の諸施設を選択して入所し，自宅に変わる生活の場を確保することで，長年の友人や近隣同士がお互いに連携しながら余暇活動を楽しみ交流し合うことが可能になりました。

問題は，各都道府県に特別養護老人ホームへの待機者が数万人単位で存在することです。そのうえ，2011年度末で廃止予定の介護型療養病床では，介護保険と医療保険の役割を明確にするため，つねに医学的な管理が必要な人への「重度療養管理加算」をしていましたが，2009年3月末で廃止することになりました。したがって，施設サービスを担う事業所からも運営の厳しさが指摘されています。

　介護保険制度は，全国公平に自己負担額は1割ですが，住む市町村の保険料によって負担額は違ってきます。さらに支給範囲内や定額制の導入と介護内容の時間的制約は，ますます高齢者と専門的介護支援者の関係を阻害しかねない厳しさです。

　したがって，各市町村長の政策的力量とその運営能力が問われるとともに，各人が暮らす市町村のまちづくりと介護保険の動向をしっかり見つめ，公民協働の原則と住民参加の原則に基づいて，この制度を賢く活用することが重要です。また一人ひとりが高齢者福祉と医療をめぐる生活問題の改善に声をあげ，具体的な市町村の高齢者福祉サービス・制度・政策に，柔軟に反映していく活動をすることが住民，ことに高齢者自身に問われています。

　加齢して一人暮らしになっても，住みなれた家庭や地域で健やかに安心して暮らすには，介護保険制度の仕組みと介護サービスの利用方法，さらには地域の社会資源を熟知しておくことが，「イザ介護が必要」となった場合や病気になった際の備えとして必須です。

　さらに，ご近所同士の会話から近隣を助けるきっかけにもなりますので，正しい知識の基に自分の住む市町村の介護保険制度を熟知しておくことが肝腎です。

（6）高額介護サービス費の改正

　介護保険において，利用者の1割負担（1カ月）が一定の上限（負担限度額）を超えた場合，①要介護者に高額介護サービス費，②要支援者に高額居宅支援サービス費が申請によって払い戻しになります。

　改正の特徴は，これまで世帯単位で算定されていた負担限度額払い戻しが，図7のように条件付で個人単位が導入されたことです。

さらに，支給申請を支給月毎に実施していましたが，申請者と市町村の事務負担軽減の観点から，初回のみの申請によって継続的に払い戻しができるようになり，支給申請時に領収書の添付が必要でしたが省略されました。

　このように介護保険の改正内容を知りますと，地域に安心して安全に暮らすには，一人ひとりの高齢者は前章までに述べましたように，どんなに加齢しても，毎日の日常生活において「自炊」を原則とした適正なエネルギー補給によるバランスの良い食事をすること，そしてたっぷり十分な朝食・昼食を一口30回以上噛んでいただくこと，日中に十分な運動と学習や活動による社会参加をして，夜間の安眠を維持する規則正しい生活リズムを作り健やかな暮らしをすること，が大切なことです。

　セルフケア（自己介護）の重要性と身近な近隣との交流によるまちづくり，さらに積極的に居住地の市町村の行財政を見定めながら，私たちのまちのより良い介護保険制度を自ら参加して創りあげていくことが，地域で安心して安全に暮らすことの礎であることを痛切に感じます。

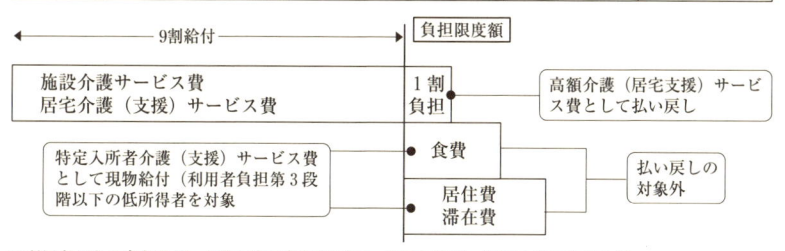

所得区分		世帯の上限額	
		従　前	17年10月から
(1)	下記 (2) (3) に該当しない場合（利用者負担第4段階）	37,200円	37,200円
(2)	①市町村民税世帯非課税（利用者負担第2，第3段階） ②24,600円への減額により被保護者とならない場合	24,600円	24,600円
	市町村民税世帯非課税で，［公的年金等収入金額＋合計所得金額］の合計が80万円以下である場合（利用者負担第2段階）	個人単位の上限なし	個人15,000円
	市町村民税世帯非課税の老齢福祉年金受給者	個人15,000円	個人15,000円
(3)	①生活保護の被保護者（利用者負担第1段階） ②15,000円への減額により被保護者とならない場合	個人15,000円 15,000円	個人15,000円 15,000円

※利用者ごとの負担上限＝世帯の自己負担限度額×自己負担額÷世帯の自己負担合計

図7　所得区分ごとの負担限度額
出典：川上雪彦『介護保険制度改正点の解説』社会保険研究所，2005年。

5 すべて"契約"から利用が始まります

「措置から契約へ」考え方が
根本的に変わりました

　前述のように，介護保険制度の利用はすべて申請から始まります。もう1つ重要なことは，いわゆる「措置から契約へ」と謳い，2000年に始まった介護保険制度は，すべて「契約」から利用が始まることです。
　この2点は，介護保険制度の利用に関する肝腎要の2本柱です。
　介護保険の開始に伴って，消費者と事業者が対等に契約するため，2001年4月に施行された「消費者契約法（法律第61号）」は，介護保険の利用者（消費者）と事業者間におけるすべての契約（消費者契約法，第2条第3項）にも適用されます。注意しなければならないことは，民事のため行政による罰則がないことです。
　なお，消費者契約法は，消費者の自己責任で選択して契約することになっています。市民一人ひとり，とりわけ高齢者とその家族は，できるだけ第三者の立会い（一人暮らしの場合，親しい近隣や友人）のもとで，必ず契約内容の十分な説明を受けて把握し，確認して相談する必要があります。契約にあたっては，慎重に①契約行為は書面で実行する，②契約時の問答は，筆記により記録し，契約書とともに保存する，③契約時の署名・捺印の前に，もう一度確認する，④取り消しは，用件を満たせば6カ月，契約から5年以内，無効にするには「クーリングオフ制度（原則8日間）」を活用することが肝要です。それでもあてはまらない場合は，消費生活センターに相談することが賢明です。
　そのため改正介護保険制度は，事業者規制の見直しを強化し，①指定の欠格事由，指定の取り消し要件の追加，②指定の更新制（有効期間6年）の導入，③勧告，命令等の追加によって，より実態に応じた指導監督や処分の権限を強め，当該処分の公表の権限も追加しました。
　具体的には後述のように，都道府県による指定事業所に限定した福祉用具購入や専門相談員の配置，市町村への事後申請による審査であった住宅改修は事前申請と審査を加えて事後の審査も継続することや，地域

密着型サービスの指定・指導監督権限は市町村の責任となり，介護サービス情報は公表制度になる，などです。

市町村は介護保険制度における介護サービス計画の作成やホームヘルプサービスなど，利用者が事業者との契約時のトラブルを避けるため，「契約は書面で」を推奨しています。

名古屋市の場合，居宅介護支援事業所ガイドブック（平成17年10月名古屋市）に16区役所の介護保険福祉課と名古屋市介護保険課の連絡先の電話番号とファックス番号を明記しています。

そして，居宅介護支援事業所ガイドブックの，「介護保険サービスチェック表」に，トラブルを避けるために①できる限り契約は書面で行うこと，②「重要事項説明書」を受けとること，③契約前に介護保険サービスの契約内容のチェックを行うこと（表7参照），④契約書は，署名・捺印の前に十分な説明を受けてから了解（インフォームド・コンセント）して行うこと，⑤名古屋市内は無料の「介護保険アドバイザー派遣事業（名古屋市が社団法人全国消費生活相談員協会中部支部に委託）」を活用する，を推奨しています。

さらに2001年から「名古屋市介護サービス事業自己評価・ユーザー評価事業」を実施し，評価結果を『NAGOYAかいごネット』(http://www.kaigo-nagoya.com) に，利用者の事業所選択に役立つ情報メニューの掲載をしています。このようなサービスは各地にありますので，活用することが賢明です。

介護保険制度は，市町村住民の健康な生活状態や風土・産業等の環境によってますます違いが広がっています。一見「何事もお上任せ」にすることは容易なようにみえますが，全国的に厳しい市町村の財政事情と，どんな人間も「No One's Perfect」（完全な人はいない）を認識しなければならない時代です。居住する市町村の行財政運営の「ムリ・ムラ・ムダ」の三ムを，住民一人ひとりが詳細にウォッチングし，その解消策を提言し変革していく義務があります。

とりわけ市町村の責任において，住民一人ひとりの健康な生活の支援を展開していることに，「自分たちのまち・むらは自分たちで創る」と

表7　契約チェック表のポイント

- □ 事業者は愛知県又は名古屋市の指定を受けていますか。
- □ ホームヘルパーなど直接介護をしてくれる人は資格を持っていますか。
　　資格を持っている人は何人いますか。
- □ 重要事項説明書をもらいましたか。その際、くわしく説明を受けましたか。
- □ 介護サービスの内容や手順、曜日、回数などについてきちんと説明をうけましたか。
- □ 料金のしくみはわかりやすく書かれていますか。
　　支払いの方法についても書かれていますか。
- □ 介護サービスの内容と保険適用の有無について
- □ 保険給付の対象となるサービスの利用料について（利用者の自己負担は概ね1割）
- □ 保険給付の対象とならないサービスの利用料について（全額利用者の負担）
- □ 体調不良などでキャンセルした場合の取扱いについて
- □ 介護サービスの内容を変更したい場合、希望はきいてもらえますか。
- □ ホームヘルパーに来てもらう日や曜日を変えたいとき、希望はきいてもらえますか。
- □ 担当ホームヘルパーを代えたいとき、希望はきいてもらえますか。
- □ 介護サービスの相談・苦情担当者は決まっていますか。
- □ 緊急時の対応について書かれていますか。
- □ 利用者や家族の情報を了解なしに他人に漏らさないことについて書かれていますか。
- □ 事故が起ったときの対応や補償について書かれていますか。
- □ 解約する場合のことが書かれていますか。

出典：名古屋市健康福祉局高齢福祉部介護保険課『居宅介護支援事業所ガイドブック』、2005年。

いう市民意識を日常的な行動に活かし、高齢者の介護福祉、とりわけ予防福祉のサービス・制度・政策をしっかりウォッチングして参加し、これらに対する行政の企画・立案に協働して連携し、より良いシステムに改善していくことが、高齢者個人にとっての社会参加であり、認知症予防であり、続く後輩への責務であると認識しなければなりません。

6　福祉用具の活用と住宅改修

日常生活への福祉補助を
理解しておきましょう

◆ 貸出し福祉用具を利用しましょう

加齢して歩行に不安や困難の伴う軽度の要支援・要介護者を対象に都

道府県による指定福祉用具貸与事業所が「あったら安全，あれば安心」の福祉機器や福祉用具を，貸出しています。貸与（貸出し）と購入費の支給対象となる品目は，表8の通りです。

利用料は指定福祉用具貸与事業所が設定し，利用者は貸出し料の1割を負担します。指定福祉用具貸与事業所では，福祉用具に関する専門的知識を持つ専門相談員（表9のいずれかの要件を満たす者）が配置され，サービスの提供をしています。

今回の改正では，一人ひとりの利用者の個別性の尊重を重視し，生活機能の自立の観点からの見直し行われ，訪問リハビリテーションや通所リハビリテーションにおいて，指導内容も含めて利用できる福祉用具を検討することになりました。

実際に貸出しを受ける前に，自分自身の生活機能の自立状態と自宅の廊下幅や居間等の広さを確認し，まずは，要支援・要介護に関わってい

表8　貸与及び購入費の支給対象となる品目

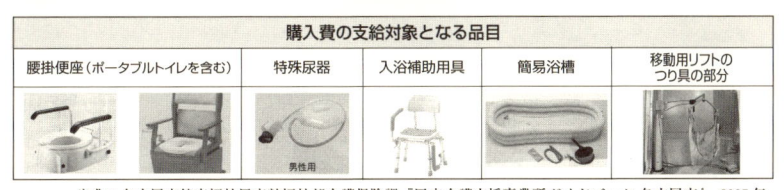

貸与の品目				
車いす	車いす付属品(クッション等)	特殊寝台	特殊寝台付属品(スライディングボード等)	床ずれ防止用具(エアパッド)
移動用リフト(取り付け工事を伴わないもの)				手すり(取り付け工事を伴わないもの)
認知症老人徘徊感知機器	体位変換器	スロープ(取り付け工事を伴わないもの)	歩行器	歩行補助杖

購入費の支給対象となる品目				
腰掛便座(ポータブルトイレを含む)	特殊尿器	入浴補助用具	簡易浴槽	移動用リフトのつり具の部分

出典：名古屋市健康福祉局高齢福祉部介護保険課『居宅介護支援事業所ガイドブック 名古屋市』，2005年。

るケアマネジャーに相談し，利用者の日常生活の動作状態に応じて判断できる指定福祉用具貸与事業所の専門相談員の意見を十分聴いて機器や用具を選択することが，なによりも肝腎です。

表9　専門相談員の要件

---

① 介護福祉士，義肢装具士，保健師，看護師，準看護師，理学療法士，
　作業療法士，社会福祉士
② 指定講習会の課程修了者
③ 都道府県知事が②と同程度以上の講習を受けたと認める者
　（現在はホームヘルパー要請研修1級課程および2級課程修了者等）

出典：川上雪彦『介護保険制度改正点の解説』社会保険研究所，2005年，146頁。

● 事例

　1970年代初期に住宅公団が分譲した住宅の一階に住む88歳の高齢者とその長男夫婦（65歳と62歳）は，寝たきりの母親に，少しでも快適に過ごしてもらおうと特殊寝台を借りる計画をしました。ところが，申請と手続き完了後，日当たりの良い母親の部屋（六畳間）に特殊寝台を入れますと，介護をする人が特殊寝台の周りで介護をすることができません。やむなく長男の書斎（隣の四畳半）部屋の障子を取り外して2間続きにし，仕切りを中央として特殊寝台を置き使用することにしました。書物が玄関から居間までの廊下に高く積まれ，荷物が廊下にはみだすことになりました。母親の部屋の温度・湿度の調節が難しく，毎月の電気代の出費が高くなり，年金暮らしの長男夫婦を直撃しています。
　もう1つの事例は，マンションの6階に住む一人暮らしで膝関節を悪く歩行に困難を伴う高齢者（78歳）の場合です。市内に別居中の家族の勧めで，車椅子を借りることにしました。玄関の入り口ドアは外側・内側に取手が付いているため問題なく出入りができます。しかし入り口からリビングへ行く廊下は，手すりがついて歩行時は便利ですが，車椅子を両手で操作することは廊下幅が87cmのため手すりが邪魔になります。
　そのため室内は両手で手すり伝いに歩き，バリアフリーの玄関から車椅子を使っていました。玄関からエレベーターまでは10mほどのため，壁の手すり伝いに歩くことを繰り返すうちに車椅子が不用となり，結局返納しました。
◎　2つの事例に見ますように，貸出しを希望する場合，家族の心配も理解できますが，なによりも大切なことは利用者とその自宅環境を利用者の生活機能の自立状態，たとえば寝室での起床時から，トイレ・洗面・調理・朝食・居間での生活・掃除・洗濯・外出・

> 入浴・食事・後片付け・入浴・洗面・就床等、1日の生活動作をじっくり見守り、十分に確認して、貸出しを申請することが肝要です。
> 　福祉用具の積極的な活用は利用者のやる気につながりリハビリテーションを助けますが、使わない福祉用具を見ていることはかえってストレスを増やす原因にもなります。つねに利用者中心に十分な生活機能の確認のうえ、事業者と契約をする前に慎重に専門相談員に相談してから利用することが賢明です。

◆福祉用具購入費支給制度を利用しましょう

　表8の通り、利用できる福祉用具購入費の対象は5品目です。支給要件は、①在宅の要支援・要介護者の日常生活の自立に必要な福祉用具であること、②購入費の支給対象であることです。購入費の限度額は要支援・要介護度区分に関わりなく、1年（4月1日～翌年の3月31日）に10万円までです。留意することは、要支援・要介護認定を受ける前に購入した福祉用具は対象外なことです。また1年間に同じ福祉用具の購入はできません。破損の場合と被保険者の介護度が著しく高くなった場合など特別の事情がある場合は、再度支給になります。

　従来、福祉用具はどこの販売事業所で購入しても良かったのですが、今回の改正で事前に「特定福祉用具販売に係る指定居宅サービス事業者」を指定する制度が導入され、その事業者で販売される特定福祉用具を購入した場合に限り支給されることになりました。福祉用具支給対象5品目の購入で10万円を超えた場合、超えた部分は自己負担になりますので、この2点を留意して購入する必要があります。

　支給方法は償還払い方式です。この方式は利用したい品目を全額自費で購入した後、購入費の支給申請に必要な書類として、①申請書（用紙は居住地の介護保険課）、②介護保険被保険者証、③領収書（原本。領収書の宛名が被保険者名であること）、④確認するための購入した福祉用具のパンフレット、⑤購入が必要な理由書（通常、ケアマネジャーが作成）、⑥被保険者の印鑑、⑦口座が確認できる預金通帳の写し、を提出し、申請に基づく審査によって、自己負担1割を除いた9割が、支給決定通知書が届いた後、指定した口座に振り込まれます。

福祉用具として貸出しのできない品目には，生活機能の自立の低下や困難時，ことに利用者の排泄時と入浴時に，直接肌に触れて使用する福祉用具（特定福祉用具ともいう）があります。利用者自身の生活機能の自立状態と自宅のトイレや浴室の環境に応じた用具を選択して購入することが肝腎です。

　したがって，福祉用具の貸出しを申請する場合と同じように，まずは要支援・要介護に関わるケアマネジャーに相談します。そして特定福祉用具販売に関わる指定居宅サービス事業者の専門相談員に来てもらい，利用者の生活する自宅で，実際の浴室・寝室・トイレ等に応じて，生活動作の状態から，適切な助言を受けて慎重に選択して，「特定福祉用具販売に関わる指定居宅サービス事業者」から購入することが大切です。

◆ 住宅改修費支給制度を利用しましょう

　居宅の要支援・要介護者が住宅改修を行った際の市町村からの住宅改修費支給は，事後の申請と審査により，市町村が償還払い方式（利用者が全額支払い，事後の申請による審査で自己負担分の１割を除いた９割分を介護保険から還付する）で支給する方法と受領委任払い制度（利用者から受領に関する委任を受けた施行業者に直接支払い，利用者は購入額の１割を事業者に支払うシステム）を取り入れていました。

　今回の改正は，①事前に，市町村に住宅改修費（居宅介護住宅改修費・介護予防住宅改修費）の申請書を提出しその審査を受ける「事前申請制度」の導入，②事後の審査を受ける，のダブルチェック体制になりました。

　そのため利用者がもっとも注意しなければならない重要なことは，住宅改修費の支給を受ける場合は，要支援・要介護認定を受ける前や，たとえ認定後であっても，事前申請をしない場合は，支給を受けることができない，ことです。

　病院に入院中や施設に入所中も原則として受けることができませんが，退院や退所が決まっている場合は居住地の介護福祉課に相談することが必要です。また支給限度額を使い切った場合でも，①転居，②要支援・要介護度が３段階以上高くなった場合は，再度，住宅改修費を受けるこ

とができます。

　住宅改修の支給要件は，①心身の状態や住宅の状況から必要な改修である，②要支援・要介護者が居住する（住民票のある）住まいである，③改修内容が介護保険支給対象の工事である，ことです。

　支給対象となる住宅改修の工事内容は，①手すりの取付け，②段差の解消，③滑り止め防止，移動を円滑にする床または通路面の材質の変更，④引き戸などへの扉の取替え，⑤ ①～④までの工事に伴う必要な工事，です。

　利用限度額は，要支援・要介護度区分に関係なく居住する住宅（住民票のある）に対し一人当たり20万円までです。利用限度額を超えた場合は全額自己負担になります。

　しかしこの方法ですと，利用者は一時的に高額な工事費の支払いが必要なため，資金面の問題から利用を控える要支援・要介護者もありました。そのため，前述のように市町村によっては介護保険制度が開始された（2000年）翌年から，受領委任払い制度を取っているところもありました。

　今回の改正に伴い，名古屋市の場合のように予防福祉に重点をおいて，利用者が住宅改修制度を利用しやすくするため，2006年1月から，図8のようにホームページで公開し，情報の周知を計って，利用者の一時的に高額な支払い負担を軽減するため受領委任払い制度を開始しました。

　したがって，支払い方式は償還払い方式のみのところと償還払い方式と受領委任払い制度を選択できる市町村がありますので，事前にケアマネジャーに相談するか，市町村の介護保険窓口に相談することが賢明です。

　国際生活機能分類は，人の行動は人と環境の相互作用であることを明らかにしました。

　まさに加齢して高齢になり，自律と生活機能の自立に困難や障害がある場合，高齢者本人の状態ごとに医学的問題にばかり注目して判断するのではなく，日常生活の場としての自宅内の設備構造や高齢者自身の生活動線，自宅周辺の環境の物的・人的・社会的環境を，その自律と生活

機能の自立の困難度に応じて入念に調べ，改修の必要な諸問題を改善して，転倒や骨折予防をすることが大切です。住宅改修の第一歩は，自宅の在宅環境を綿密に調べることです。

この調査は，いつか行く道である高齢期にも重要なことですが，「つ」あり時代の乳児期や幼児期，さらに，交通事故などで負傷した場合の成人にも大切な生活環境のアメニティの確保にもつながります。

住宅は，「100年の計」で考え，家族3～4世代が一人ひとりのライフサイクルのどの時期に，どんな状態（たとえば，震災等）にあっても使用可能なものであるべきです。そのため，その人自身の自律と生活機能の自立に，優しく，安全で，安心できるユニバーサルデザインに

平成18年1月からの住宅改修着工分について，受領委任払い制度を利用する場合の住宅改修の流れは，概ね次のとおりとなります。

① 住宅改修の相談　　　　　　　　　居宅介護支援事業者・住宅改修事業者へ
○住宅改修について，ケアマネージャー及び住宅改修事業者へ相談してください。
○「住宅改修が必要な理由書」の作成をケアマネージャーに依頼します。

② 受領委任払いの利用にかかる事前申請　　区役所介護福祉課へ
○受領委任払い制度の利用について，区役所へ事前申請します。
　＝必要となる書類＝
　「受領委任払いの利用にかかわる申請書」「住宅改修が必要な理由書」
　「改修工事の図面」「工事費の見積書」「改修箇所の改修前の写真」などが必要です。
　＊事前申請の承認には，1週間から10日間かかります。

③ 住宅改修の依頼　　　　　　　　　住宅改修事業者へ
○②での事前申請の後に，区役所から承認の通知が届いたら，住宅改修事業者に着工の依頼をします。
○着工後に，事前申請した内容と異なる改修が必要となった場合には，すみやかに区役所に連絡してください。

④ 完成・支払い　　　　　　　　　　住宅改修事業者へ
○改修が完成したら，住宅改修事業者に1割相当分の代金の支払いをお願いします。
○住宅改修事業者からは，代金支払いにかかる領収書の発行を受けてください。
　＊20万円を超える
　工事等を行った場合には，保険給付外の費用についての支払いも必要です。

⑤ 支給申請　　　　　　　　　　　　区役所介護福祉課へ
○住宅改修費の支給申請をします。この支給申請に基づき保険給付に当たる9割分の費用を，利用者に代わって住宅改修事業者に名古屋市が支払いを行います。
　＝必要となる書類＝
　「住宅改修費支給申請書」「事前申請承認通知書」「住宅改修が必要な理由書」
　「工事費の内訳書」「改修箇所の改修後の写真」「領収書」などが必要です。

＊住宅改修費受領委任払い制度のお問い合わせは，お住まいの区の区役所介護福祉課まで！！
http://www.kaigo-nagoya.com/Files/1/820400/html/juryouininseido.htm

図8　受領委任払い制度による住宅改修の流れ
出典：名古屋市健康福祉局高齢福祉部介護保険課『居宅介護支援事業所ガイドブック』，2005年。

基づいた設計と地域に拓かれたアクセスの保障が問われる時代になったといえます。

7 苦情相談窓口の利用
苦情相談は尻ごみせずに
どんどん行きましょう

　全国の保険者（市町村）と都道府県は，介護保険をめぐる住民の困りごとの相談窓口とサービス内容への苦情の窓口を設けています。
（1）介護保険制度のすべてに関わる相談窓口
　　市町村の区役所・支所・出張所の窓口
（2）都道府県の国民健康保険団体連合会
　　サービス内容に苦情があるときに，申し立てをします。申し立て書は，市町村の介護保険担当の窓口に備えています。
（3）都道府県の介護保険審査会
　　市町村（保険者）が行った要支援・要介護認定に関する処分（行政用語で，決定の意）や保険料の賦課・徴収などに関する処分について不服があるとき，審査請求をすることができます。審査請求は居住地の市町村の相談窓口でも受け付ています。
　審査請求で注意することは，要支援・要介護認定の結果通知など処分の内容を知った日の翌日から60日以内に行うことになっていることです。

8 介護保険以外の高齢者福祉サービス
こんな福祉サービスも
ありますよ

　介護保険の対象とならない高齢者と家族に対する生活支援サービスが徐々に拡大し，活発に企画・運営内容を広げていますが，市町村によって格差が出始めています。

しかし何と言っても「利用者主体の原則」が，市民にも行政にも周知徹底できていない現実があります。市民一人ひとりが「住民参加の原則」に基づいて参加し，市民と行政が「公民協働の原則」を実行して，「ネットワーク化の原則」を地域にゆきわたらせることが必要です。しかも，どんなに加齢しても，一人ひとりの市民，とりわけ一人暮らしの高齢者にも周知し，新たなまち・むらを創りあげて行くことが問われ，超高齢社会に突入し，子どもの減少する今後，この原則はますます重要になっています。

　そのためにも，基本的にはどの市町村も同じサービス内容のようにみえますが，市町村によっては住民の意見を取り入れた活動が進展しているところもあります。

　したがって，なによりもまず，居住地のガイドブックや広報によって確認し市町村や都道府県の高齢者健康福祉担当者に問い合わせること，が大切です。

♦ 一人暮らし・高齢者世帯の高齢者へのサービス

　一人暮らしや心身の状態により日常生活に支障のある高齢者や高齢者世帯に，京都市（『高齢者のためのサービスガイドブック』すこやか進行中2005年9月発行）と名古屋市（『高齢者健康と福祉のあらまし』2005年10月現在）のサービス内容から，主な役立つサービスを紹介し，そのあり様を比べて見ましょう。

（1）日常生活用具の給付サービス（両市とも同じ）

　火災の心配や災害時に備えてのサービスです。

　火災警報器・自動消火器：おおむね65歳以上で，災害時に直ちに脱出困難な人。所得に応じて利用者負担の必要な人があります。

　電磁調理器：おおむね65歳以上で，現在の調理器では火災を発生させる恐れのある人。

（2）安心を得るためのサービス

　福祉電話の貸出し（名古屋市の場合）：おおむね65歳以上で，同一区内に配偶者や子どものいないことと，所得条件に合致する人。福祉電話

の貸出しと定期的（週2回）のボランティアによる電話訪問の実施。
（3）緊急通報事業

　京都市の場合：緊急通報システム＝安心ネット119

　おおむね65歳以上で一人暮らしや高齢者だけの家庭（昼間独居を含む）で，急病や事故など緊急時に自分で対処が困難な人。利用者宅にペンダント型押しボタンや枕元用押しボタンを支給し，通報装置から消防局指令センターへ通報され，登録近隣協力員が状況確認の要請や必要時に救急車出動になるシステム。費用は無料から最高月額1462円（2005年4月1日現在）の機器利用料の負担が必要です。

　名古屋市の場合：あんしん電話・消防あんしん情報登録制度

　あんしん電話は，65歳以上で，心臓疾患等の慢性疾患のある一人暮らしの人。緊急事態の発生時に，緊急ボタン（特殊電話機・ペンダント等）を押して緊急通報先に通報できるサービスで，所得により機器の使用料の利用者負担が必要です。

　消防あんしん情報登録制度は，70歳以上の一人暮らしの人で，外出先で，万一事故等にあった際，指定された緊急通報先に名古屋市消防局が本人の代行で連絡するシステムで，無料です。窓口の消防局への登録が必要です。

（4）生活支援サービス事業

　京都市の場合：すこやかホームヘルプサービス

　おおむね65歳以上の要支援・要介護認定で自立と判定された人のうち，在宅で日常生活の継続に支援が必要な人。サービス内容は週1回2時間程度，ホームヘルパーが派遣され炊事・掃除・洗濯，買い物等の家事サービスを提供します。利用料金は30分当たり110円からですが，生活保護を受けている人は，実費負担以外は無料で，居住する区役所・支所支援課または各在宅介護支援センターが窓口です。

　名古屋市の場合：生活援助軽サービス事業

　65歳以上の一人暮らしおよび65歳以上のみの世帯で日常生活援助の必要な人。サービス内容は，シルバー人材センター会員が屋内の整理整頓，季節の衣類の入れ替え，窓ガラス拭き，建具の修理等の臨時的

で軽易な援助の提供です。あらかじめシルバー人材センターに利用者登録が必要です。利用できるのは年4回以内の1回3時間以内です。利用料は1回240円と利用料の振込み手数料や援助者の交通費等が利用者の実費負担です。窓口は，居住地の区役所介護福祉担当です。

♦ 高齢者の権利擁護支援

高齢者の権利擁護支援の違いを，京都市と名古屋市で比較します。

(1) 京都市の場合：地域福祉権利擁護事業・高齢者権利擁護相談

地域福祉権利擁護事業は，契約内容などが理解できる認知症高齢者が地域で生活するのに必要な福祉サービス（表）を利用するための援助事業です。生活支援員が訪問するサービスで1時間1000円ですが，生活支援員の自宅から利用者宅までの往復交通費は利用者負担です。

表　地域で行われる福祉サービス

① 情報提供・助言サービス
② 福祉サービスの利用手続き援助（申請手続きの同行，代行，契締結）
③ 福祉サービス利用料の支払い等
④ 苦情解決制度の利用援助
⑤ 日常的金銭管理サービス（通帳・印鑑の保管料は1カ月250円）

問い合わせと申し込みは，各区社会福祉協議会と京都市社会福祉協議会「あんしん生活支援センター」です。

高齢者権利擁護相談は，高齢者に対する身体的・心理的虐待や世話の放棄，家族や悪徳業者による金銭詐取，施設における身体拘束などの相談，弁護士による法律相談，専門相談窓口の紹介，センター内併設のショートステイの利用調整など，権利侵害の解決をはかります。相談窓口は京都市長寿すこやかセンター「高齢者110番」です。

(2) 名古屋市の場合：名古屋市障害者・高齢者権利擁護センター・高齢者虐待相談センター

名古屋市障害者・高齢者権利擁護センターは，判断能力が不十分で身の回りのことや日常的な金銭管理などに困る場合，地域で安心して暮ら

すことを支援するもので主に4事業です。
　①相談事業
　　生活相談に職員が対応。予約で弁護士が相続・遺言・契約等の法律相談で無料です。
　②金銭管理サービス
　　自分で金融機関の預貯金の出し入れ，家賃・公共料金など定期的な支払いに不安のある人を代行します。利用料は1回1000円です。
　③財産保全サービス
　　自分自身で安全に保管することに不安がある場合，その財産（本人名義の定期預金通帳，年金証書，実印などを金融機関の貸金庫に保全）を安全に保管する。利用料は，月額250円です。
　④福祉サービスの利用援助
　　財産保全サービスの契約者を定期的に訪問し，地域で安心した生活が送れるように福祉サービス援助を行います。
　　財産保全サービスの利用者で生活保護受給者は，無料です。
高齢者虐待相談センターは，高齢者に対する虐待防止や早期対応を図るため，高齢者本人や家族，関係者からの相談受付をしており，主に3事業が2005年7月から開始です。
①電話相談：高齢者虐待専用の相談窓口です。
②面接相談：予約制で受付しています。
③法律相談：弁護士による月1回の予約制の相談窓口で，法律面での助言をしています。
　このように，2都市を比べますと，ほぼ同じ内容で実施されています。しかし，「もし，私が利用者であったら……」と仮定して「利用者主体の原則」の視点から見ますと，不安を抱えた場合，高齢者サービス内容の実施に関して，いずれが利用しやすいかが明らかになってきます。
　市町村の姿勢は，介護保険制度を含めた高齢者福祉サービスが，居住地に住む住民主体を貫くものでなくてはなりません。そのためには，一人ひとりの高齢者やいつか行く道の家族や周囲の人たちには，高齢者が住みやすいまちづくりをしなければ，多くの施設と職員が存在しても不

安を抱える高齢者には利用困難になりがちな状態が続きます。そして，その状態は解消されないばかりか，維持諸経費がかさみ，財政を圧迫しかねない状態を生み続けることになります。

索　引

ア

悪性新生物	6
アロマセラピー	99
医療費	129
ウォッチャー	157
歌付体操	126
うつ状態	164
うつ病	50
栄養改善	179
応益負担の原則	176

カ

臥位	110
介護福祉課	171
介護保険施設サービス	172
介護保険審査会	195
介護保険制度	26,136,168,186
介護保険特別給付	172
介護保険被保険者証	170
介護予防	12,133
介護料用施設サービス	172
外反母趾	112
化学物質過敏症	45
かかりつけ歯科医	19
かかりつけ内科医	20,107
かかりつけの歯科医	124
かかりつけの内科医	62,124
かかりつけ薬局	125
カビ汚染	55
換気	61
環境時計	37,40
感染症	100
感染症対策	61
陥入爪	112
キウイ化	158
義歯	56
義歯洗浄剤	57
QOL	165
嗅覚	149
行政ウォッチング	157
筋力トレーニング	179
苦情相談窓口	195
薬の副作用	126
ケアマネジャー	181,190
血液循環	6,49
健康カレンダー	124
健康寿命	7
健康手帳	44,123
権利擁護支援	198
高額介護サービス	172,184
後期高齢	127
後期高齢期	17

口腔ケア	63,179
口腔内粘膜	48
口臭	64
口内炎	64
更年期症状	39
高年大学	147
高齢化	175
高齢化社会	30
高齢社会	30
高齢社会白書	2
高齢者健康福祉担当者	196
ゴールデンエイジ	2,132
国際生活機能分類	25,193
国民健康保険団体連合会	195
互助会	136
互助介護	136
子育て	133
骨粗しょう症	123
5本指靴下	59
コミュニティヘルスケア	166
こむらがえり	49

サ

サーカディアンリズム	36
座位	110
3世代家族	140
ジェネレーションギャップ	29
視覚	106,149
歯垢	66
歯垢の除去率	68

自己実現	133
自己負担	175
自炊	72
歯石	66
シックハウス症候群	55
湿度の調整	53
指定居宅サービス	172
指定福祉用具貸与事業所	188
自分史	31,141
社会人入学	148
社会的介護	15
社会的動物	25
社会福祉協議会	162
社会福祉士	181
住宅改修費支給制度	192
終動脈	6
生涯学習	147
小学校区生活圏	163
食事	164
植林ボランティア	156
女性会	144,171
ショッピングカート	117
自律神経	149
自律神経のバランス	11
シルバー人材センター	134,198
心疾患	6
身体トレーニング	120
心拍数と運動強度	119
森林浴	148
水分補給	91

スカベンジャー	9,80		体内時計	36,60,83
スガベンジャー	125		第2号被保険者	168
ストレッチ体操	120		大便	88
すり足	113		多機能福祉施設	145
生活支援サービス	195,197		正しい姿勢	49,109
生活習慣	28		チアノーゼ	46,68
生活習慣病	6,123,158		地域共同体	132
生活リズム	36,40,60		地域包括支援センター	166,181
清掃ボランティア	154		地域密着型サービス	182
生体リズム	36,50,60		聴覚	104,149
生物時計	36		長期生活支援資金貸付制度	162
セカンド・オピニオン	128		長期保存食	73
脊髄異常	50		超高齢社会	163
背骨	49		腸内細菌	89
セルフケア	185		腸内微生物	9
前期高齢期	17		調理の工夫	76
全国要介護度別認定者数	174		「つ」あり時代	3,14,139,194
ぜん動運動	51		低栄養	73
専門的介護支援	17		統合失調症	46
専門的介護支援者	29		動静脈吻合	49
専門的介護者	181		特定福祉用具	192
前立腺肥大	59		特別養護老人ホーム	184
総入れ歯	56			
早期離床	26		**ナ**	
相互作用	127		ニギニギ体操	61,126
			2足直立歩行動物	4,84,158
タ			入浴の功罪	97
第1号被保険者	168		尿閉	51
退職年齢	160		尿量	88
対人社会サービス	165		認知症	32,72,86,124,159,164,170

認知症予防	65
認定区分	178
寝たきり	159
年金問題	160
脳血管障害	6
ノーマライゼーション社会	153

ハ

パートタイム労働	134
排泄	87
排泄機能	92
排泄物	51
バイタルサイン	42
排尿の回数	93
排便反射	51
廃用症候群	17
8020運動	19
発汗作用	52
歯磨き剤	67
半身浴	101
鼻中隔湾曲症	57
皮膚	48
皮膚感覚	126
肥満	124
表情筋のマッサージ	56
病的な頻尿	94
日和見感染	63
貧血	47,127
腹式呼吸	61
福祉用具	188

福祉用具購入費支給制度	191
部分入れ歯	56
プライマリー介護	15
ブラッシング	68
プロスタグランジン	65
プロバイオティクス	9
平衡感覚	104,113,120,155
偏平足	112
保健所	123
ボランティア活動	144,152

マ

マネーボランティア	156
魔の時間帯	61
慢性疲労症候群	46
味覚	48
ミネラルバランス	79
無呼吸症候群	57
メガビタミン	9,80,125
免疫機能の低下	11
毛細血管	6

ヤ

薬剤費	129
有償ボランティア	152
ユニバーサルゾーン	157
ユニバーサルデザイン	28
要支援・要介護認定	192,195
浴室内温度	97
予防重視型システム	165,177

予防福祉サービス	161	ラジオ体操	142
		立位	110
ラ		利用者負担の減免制度	173
ライフサイクル		リラクゼーション	99
	2,14,19,37,133,139	K．レヴィン	25
ライフスタイル	27,125	老人会	143,171

《編者紹介》

阿部　祥子（あべ・さちこ）

福島県生まれ。
日本女子大学家政学部生活芸術科卒業（住居学）。
現在，佛教大学社会福祉学部教授。

著　書

『おばあちゃんの原宿』（共著）平凡社，1989年。
『先端のバリアフリー環境』（共編著）中央法規出版，1996年。
『高齢時の住まい』一橋出版，1996年。
『もうひとつの子どもの家』ドメス出版，2005年（今和次郎賞受賞），他。

《著者紹介》

丹羽　國子（にわ・くにこ）

名古屋市生まれ。
日本福祉大学大学院・社会学修士。
総合病院，精神科病院，がんセンター，心身障害者コロニーに看護婦として勤務。
愛知県高齢福祉課で専門調査員として勤務（介護支援専門員）。
ボランティア仲間と名古屋市内に「クニハウス」，京都市に「ハルハウス」を運営。
現在，佛教大学社会福祉学部教授。

著　書

『現代医療ソーシャルワーカー論』（共著）法律文化社，1989年。
『ICFに基づく介護概論』（共著）アリスト，2003年。
『専門的介護支援』アリスト，2003年。
『コミュニティ物語ディングルトン病院 メルローズ』（訳書）アリスト，2005年，他。

シリーズ・高齢期介護の現在①
「寝たきり」にならないために
介護予防でハツラツ人生

2007年3月10日　初版第1刷発行　　　　検印廃止

定価はカバーに
表示しています

著　者	丹　羽　國　子
発行者	杉　田　啓　三
印刷者	田　中　雅　博

発行所　株式会社 ミネルヴァ書房
607-8494 京都市山科区日ノ岡堤谷町1
電　話　(075) 581-5191(代表)
振替口座　01020-0-8076

ⓒ丹羽 國子，2007　　　創栄図書印刷・兼文堂

ISBN978-4-623-04777-2
Printed in Japan

シリーズ・高齢期介護の現在 全4巻　A5判並製カバー
佛教大学社会福祉学部教授　阿部 祥子 編

「寝たきり」にならないために
①介護予防でハツラツ人生　丹羽國子著
厚生労働省指針として、筋力向上、栄養改善、口腔ケア、閉じこもり予防、フットケア等があげられているが、これらはあくまで高齢者が健康で元気な日常生活を送れるための基礎となるもの。「介護予防」として家庭でできる様々な工夫やアイデアを満載。事例も豊富に収載する。大学・介護支援専門家による解説。

②在宅ケアをパワーアップ　田中由紀子著
介護施設ではなく、基本的に在宅で介護を受ける高齢者が大多数だが、突然日々の介護を始めることになった家族の驚きや、苦労、疑問、悩みは多く、深い。介護者が直面する、被介護者とのコミュニケーション、こころの問題、重労働を軽減する工夫、ヘルパーとの連繋その他。大学の専門家・実務家により簡潔明瞭に「介護のツボ」を解説。

③プロの技術で家庭リハビリ　坂本親宣著
介護施設や病院から退院した高齢者が、施設では自立できたのに、家庭で再び要介護になってしまうケースが多い。専門家によるリハビリがなくなってしまうことが主因と考えられる。専門施設・病院におけるノウハウを家庭で応用可能なものとして活用するための、実用性とアイデアに満ちた解説集。大学の専門家・作業療法士による解説。

④ひと工夫、我が家もバリアフリー
小野理映子・大塚順子・永野浩子・西尾昌浩著

一般家庭においてもバリアフリー化の必要性は高まっている。本格工事は専門家が必要で費用もばかにならない。しかしちょっとした工夫でホームセンターや100円ショップの材料が活用でき、そのアイデアでかなり良質のバリアフリー化、高齢者向き小改造は可能である。地域におけるバリアフリーの発想も。建築家、福祉関係者による執筆。

ミネルヴァ書房
http://www.minervashobo.co.jp/